U0004745

踏板天堂 首部曲

台灣單車旅行地圖

23條經典單車路徑及環島規劃

洪川 文字／攝影

一個踏板者的夢

　　常到歐洲旅行的人，走在路上會感受到「對人的尊重」——不論行人或是自行車騎士。除了道路的設計，一些大眾運輸工具也有特別為自行車騎士長途旅行轉乘的交通工具；單車不用拆卸就能上月台，直接扛上單車的專屬車廂。在紐西蘭奧克蘭機場還有專為單車客設置組合單車的空間，更神奇的是還可以整台單車掛在巴士的車頭前。這些專為單車移動者的設施，我們只能望塵莫及，因為這些國家對「單車」的概念不是只停留在休閒這個層級，而是已提升至未來生活的新概念。這一點對我們可能太遙遠太難去體會了，所以我們的地方政府只能設個單車專用道。

　　單車是最接近徒步、不打擾到自然的旅行方式。記得有一次騎行在丹大林道的途中，遇到三位也是騎著單車的外國人，他們正利用單車來認識世界並實踐環保的精神。我們彼此交換了騎車的心得，並有一個共同的默契——「單車是既安靜又不浪費能源的交通工具。」或許如此安靜才能更進入自然的深處，對於自然不只是用眼睛去觀察，更可以聆聽，甚至是用身體去感受自然的冷、熱，地形的起伏。

　　最讓我享受騎單車的自由自在是在德國黑森林。童年時代騎自行車也曾享受過如此般的單純快樂。可以騎著自行車拜訪朋友，與同學一起釣魚、旅行。編輯這系列書籍，希望喜歡旅行的人，換個方式知覺自然，細細體會這個島嶼的美，找回過去曾擁有的快樂，畢竟能放鬆心情且安心騎著自行車旅行；沒有噪音、沒有辛臭廢氣的環境，才是人的天堂。台灣不大；所以更可以成為小而美的單車天堂。

目次

關於本書

　　本書不同於其他旅遊手冊，它的目的不在於介紹各地著名的旅遊景點或是特別的自然奇觀。因為這一類的書籍市面上已有太多了。

　　「踏板天堂」是針對台灣整個區域的路徑，以踏板者的角度實際踩踏測量、評估是否適合從事單車活動的單車手冊，讓路徑不再只是承載交通運輸的工具，將踩踏過的每一吋路徑轉化為踏板旅行中的深刻風景。

　　首部曲綜合了台灣地區，包含外島各種路徑，依其路徑特色與難易分成五種類型，方便踏板者酌量自己的旅行性向及體能狀況，選擇屬於自己可獨立實踐的中長程旅行路徑。

　　本書最終目的是希望單車活動不只是停留在運動或是休閒活動，甚至能積極提升至我們平時生活中的必然交通工具。

　　接下來再將台灣本島分成三大區域；北台灣(大台北、宜蘭、桃、竹、苗)、中台灣(台中、南投、彰化、雲林、花蓮)、南台灣(嘉義、台南、高雄、屏東、台東)三大區(陸續出版中)。再以地理或行政特徵從大區域劃分更小區域，如陽明山區或是八卦山區、竹東關西、木柵深坑……諸如此類分類，仔細挑選50至80條主要單車路徑及延伸路徑，再依難易劃分等級。讓喜愛單車活動的人可以就近選擇適合自己的路徑，也利用單車靜靜融入、體會自己生長的環境。

【單車旅行經典的23條路徑圖】

金門

台北市
基隆市
瑞芳
深坑
大溪
新店
烏來
頭城
礁溪
宜蘭市
羅東
新竹
竹東
內灣
觀霧
司馬庫斯
三義
梨山
霧社
新城
廬山
鹿港
埔里
水里
花蓮
地利
東埔
澎湖
嘉義
瑞穗
靜浦
布袋
楠梓
甲仙
台南市
阿禮
台東
綠島
旭海
車城
蘭嶼
恆春
鵝鑾鼻

—— 巡行人文的路徑

—— 海岸邊際的路徑

—— 島嶼風情的路徑

—— 穿越峻嶺高山
的路徑

—— 深入山林體驗
自然的路徑

【如何使用本書】

　　書的首頁有一張概括式的地圖，讓你清楚知道每一條路徑在台灣何處？在介紹每一條路徑的開始，亦有一張作者手繪的地圖，標示幾個重要關鍵的村莊、部落、轉彎指標，讓你不會迷失或轉錯彎，再輔以文字敘述過程及穿插圖片，有如行程記錄般翔實，讓你有親臨這一條路徑的感受。當然，如果你親自騎著單車真正來一趟，那滋味是文字與圖片無法取代的永久回憶。

■ 等級的訂定

　　路徑的等級認定，首重於是否安全？及不必要的人工建築物是否過多？因為我們不僅著重於自然的原始風貌，更顧及踏板者的安全。例如以壯闊海岸風景著名的「蘇花公路」，其路徑的海岸景觀堪稱台灣珍貴資產，只可惜往返於蘇花公路的砂石車非常頻繁且車速驚人，幾次騎行於此都膽戰心驚，尤其「清水崖隧道」路段，對踏板者的安全更加可虞！幾番考量之下不得不從「踏板天堂」中刪除。其實，北部的幾條公路都面臨了車多、車速過快的人為問題。常聽人說：「台灣很小……」但為什麼需要這麼多的車子且開那麼快？

　　本書評定最佳等級路徑為五顆星，意為最不受人為干擾且最接近自然原始風貌的路徑，當然這樣的路徑具有一定的難度。所以以最近全島地方政府興盛的封閉式單車專用道，就不在本書之列了！

●路徑的名稱。　　●路線的基本資料。

後花園的路徑

花東縱谷
193─197道路

等級	★★★☆
路況	柏油路面／混合路況
里程	183公里

　　花東地區一直被視為台灣的「後花園」，西倚中央山脈，東濱太平洋，其間的花東縱谷平原更是原住民阿美族和後期漢人移民的活動領域。

　　縱貫花東縱谷平原有兩條公路，台9線是主要道路也是台灣最長的公路，位於花蓮溪西岸，緊鄰花東鐵路，縱貫縱谷平原，故又稱「花東縱谷公路」。另一條則是193線，位於花蓮溪東岸，緊貼著海岸山脈，是海岸山脈中各部落彼此聯絡的主要道路。

　　從花蓮市過花蓮大橋右轉的193路，經太巴塱到樂合接上台9線，行駛到池上再接193線直到台東市。同樣縱貫於縱谷平原，這一段旅行路線的感受迥異於「花東縱谷公路」。

※花東縱谷開闊的野景色。

●本路線最具代表性圖片。

● 每條路線開始，會有作者手繪圖，標示村落、部落、轉彎指標。

● 檢索書眉，標示每一條路徑的名稱，方便快速查詢。

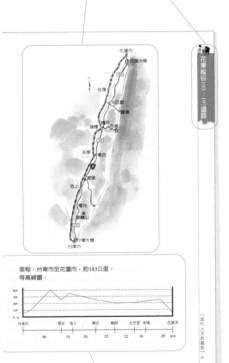

里程：台東市至花蓮市，約183公里。
等高線圖：

● 詳具右表等高線圖的辨識說明。

■ 等高線圖的辨識

坡度是所有踏板者最在意的第一件事。我們所標示的等高線圖示，可讓騎士清楚知道路徑的起伏、陡峭及距離，得以衡量自己的體能來作安排。畢竟單車是百分之百用自己全身的力量來移動，不是只有一條腿或一隻手踩油門就可前進。本書的高度數據是依氣壓式等高計來測量，會因當時天氣的影響而有些許誤差。

坡度的換算：距離每100公尺海拔高度上升1公尺即坡度1。坡度10即10公里上升1000公尺。

難度較大的坡例如：
雷龍坡：等高線呈緩上升圖示；長緩坡，例如新中橫。
暴龍坡：等高線急遽上升圖示；短陡坡，例如丹大七彩湖。
劍龍坡：等高線呈忽上升又下降的連續圖示，例如司馬庫斯。

依等高線圖所給你的距離與高度數據，你就可以客觀衡算這一段路徑是否適合現在的體能。當然！勇於挑戰自己，那才是踏板精神的可貴之處。

■ 路況交通食宿資料

　　首部曲重點放在單車的「旅行」上。旅行的真義在於自由自在沒有瑣碎事的牽絆，不用擔心你的汽車是否有停車位置？汽車是否會被刮傷？等掃興的問題。「一個人能自由自在想從那裡到那裡。」是所有踏板者的夢。使用攜車袋帶著你的愛車，配合大眾運輸是最方便的選擇。且踏板者想要的是簡單樸實的旅行生活，所以手冊中所提供的食宿資料是適合踏板者長期旅行的費用，但仍不失家庭般的舒適感。當然建立一個如歐洲的青年旅館般的「踏板之家」或「單車之家」，提供簡單方便的單車旅行住宿系統，則是我們的下一個夢想。

■ 延伸路徑

　　提供其他的替代路徑或是可折返的路徑，避免進入危險路段。

■ 行程建議

　　本書所建議的行程天數，是該段路徑騎乘及休息的大約時間，不包括單車運送時間。當然，自由自在的旅行是不應被時間束縛的。

■ 手繪地圖圖示說明

圖示	說明
──	主要路徑
----	土石路或陡坡
──	延伸路徑
──	其他路徑
🚂	鐵路
○	村落
⌂	山莊、工寮
〕〔	橋
⫙	隧道
◎	檢查哨
✈	機場
▮	燈塔
▮	紀念碑

一 巡行人文的路徑

台灣本島西岸是整個台灣經濟、人文的發展重心，

其交通網路亦是全島最密集之處。

其路徑開發背後有著豐富的人文背景。

本篇所精選路徑多集中於西部平原。

路徑穿梭於平原丘陵之間，多著墨在鄉間自然人文景色；

路段坡度平緩，適合初嚐單車旅行的入門路徑。

北宜公路

等 級	★
路 況	柏油路面
里 程	66公里

　　北宜公路是大台北地區通往蘭陽平原的主要道路之一。因為北宜高速公路的興建，讓人逐漸遺忘北宜公路的歷史；其路徑穿越整個台北地區的主要水源區域，地勢雖然不高但其溪流豐富的景致卻是北部菁華所在，只是平日來往的車輛過多且車速快，並不是非常適合從事單車旅行，希望北宜高速公路通車後，能限制大型車輛進入北宜公路，讓這一段路徑成為優質的單車旅行路徑。

※俗稱九彎十八拐的北宜公路

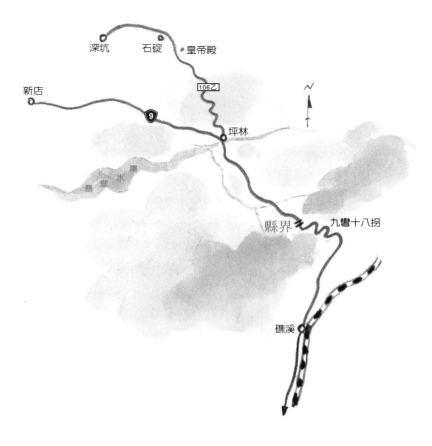

深坑　石碇　皇帝殿

106乙

新店

9

坪林

水庫
翡翠

縣界　九彎十八拐

礁溪

里程：新店－礁溪，約66公里。
等高線圖：

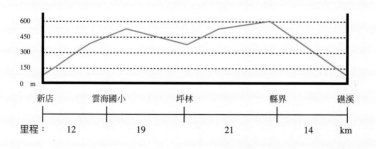

600					
450					
300					
150					
0　m					

新店　　雲海國小　　坪林　　　　縣界　　礁溪

里程：　12　　　　19　　　　21　　　14　　km

進入茶鄉

整段路徑中途最大的聚落莫過於坪林，也是重要的中途補給站。離開新店之後，一路緩緩而上。雖然近20公里的上坡路段讓人有點累，但北台灣特有的濕度，且沿路不斷的林蔭樹林裏不時的涼風吹乾汗水，和昔日

※深處林中的雲海國小。

因濕氣所浸潤而長滿青苔已廢棄的磚房，這一條路徑不時誘發著你停下腳步尋幽探訪。

來到坪林，位北勢溪畔的聚落也是過去台灣北部地區重要的文化地點。山谷四週的茶園、蓊鬱的溪流景色與老街，更顯現過去自然與人文在此和諧共處的年代。仔細品味坪林的茶、坪林的人、坪林的山光水影，北宜公路的故事值得細細品味。

※特有的石牆農舍。

※坪林老街。

九彎十八拐

過了縣界之後，來到北宜公路的最高點。因為高度落差所造成呈之字形連續下坡的路徑；這裡就是俗稱的「九彎十八拐」，也是這一條路徑最具危險性的路段。再加上地形的分野，一到下午整條路徑雲霧飄渺，也因此增添了這條路徑許許多多傳說。

當你正專心於路徑的變化時，心想是否真正繞了九個彎、拐了十八拐？海的視野正呈現在你的眼前，海洋中龜山島孤影在你的欣喜裏；蘭陽平原久違了！辛勤的北宜公路踏板旅行。

※過了縣界就是九彎十八拐。

※冬山河的山光水影。

※宜蘭的水田景色。

走返幾次蘭陽平原，總是會被那廣闊的視野所感動；阡陌的水田綿延至海、至遙遠的盡頭。雖然北宜公路來往的車潮倍增了這一段路程的艱辛，但永遠阻止不了那一股對自然美的渴望！

※眺望蘭陽平原。

延伸路徑：深坑—坪林

欲前往坪林還有另外一個選擇，由深坑經過石碇華梵大學的106乙道路。這段路徑可避開新店至坪林的車潮。

里程：深坑－坪林，約17公里。
等高線圖：

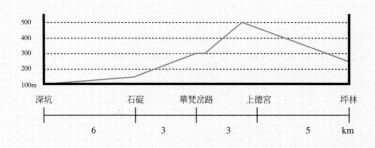

■ 單車小記

1. 路況：整個路段屬柏油路面，平日車流量多，一到假日更多。期待北宜高速公路通車之後，此路段限制大型車輛進入。
2. 食宿：路途中有許多雜貨店，坪林有民宿。
3. 交通：車袋族可搭捷運至新店，到達頭城可轉乘火車。

■ 行程建議

1. 一年四季皆可，只是冬季時較濕冷。
2. 一天即可完成的路徑。建議可在坪林留宿一夜，其週邊的茶園景觀相當吸引人。

北台3線
大溪—三義

等 級	★★
路 況	柏油路面
里 程	125公里

　　台3線是台灣西部地區主要的縱貫公路之一。它的路線不同於另一條縱貫公路台1線，台3線起伏於丘陵與台地之間，沿途穿梭在樹林與池塘之中，景色非常特別，且來往其間的車輛不像台1線那麼多。尤其從新竹關西至苗栗卓蘭這一區域多屬客家族群，其間的客家文化值得你安排一次長程的單車之旅來細細品味。

※巴洛克建築風格的大溪老街。

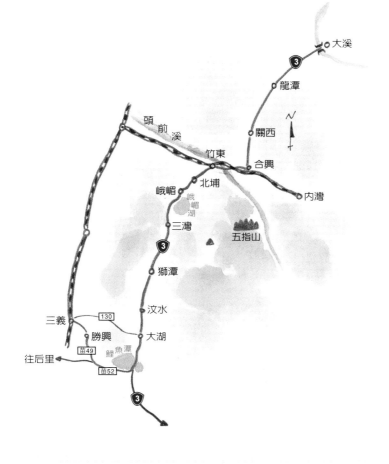

里程：大溪至三義，約125公里。
等高線圖：

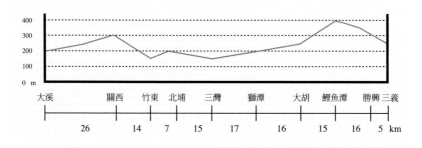

走過兩個老鎮

　　旅程可安排從桃園縣大溪鎮做為出發點。「大溪」光是聽名字就知道和溪流息息相關。大溪位於大漢溪畔，過去是泰雅族的活動區域，後來來自漳州的移民陸陸續續來此開墾，泰雅族人只好往現在的復興鄉移動並定居。

　　大溪以製作神桌聞名，和平老街是主要的集中地。據當地長者描述，過去常有來自全省各地的買主，甚至日本的華僑千里迢迢來到大溪，買一組雕工精細的神桌。現在神桌業已凋零，反倒是幾條老街假日吸引了大批觀光客，神桌業者紛紛經營其他副業。老街文化的確是大溪的命脈，也見證了大溪的興衰。諸如此類矛盾的例子好像存在於許多具有歷史的舊鄉鎮。旅程的另一站——北埔也是如此，假日時段湧入大量人潮，平時只有老人與小孩徘徊在紅磚樓宇中。建議在非假日時段，獨自走在老街的長廊中，才能體驗到沈默在一磚一瓦中的老街容顏。

　　沿台3線指標，過了武嶺大橋往龍潭方向前進，這段路程是台3線車流量最多的路段。過了龍潭往

※北埔的老屋舍。

關西的路上，車輛減少，且行駛在地勢較高處，涼風徐徐吹來，真是快意。

　　相較於大溪鎮的繁華，關西鎮顯得平靜許多。或許如此平靜，更適合居住。據說關西是全台長壽者最多的鄉鎮。悠閒的走在鎮上，處處皆可見廟宇、祠堂。最近被列為古蹟的安東橋橫跨在牛欄河上，遠望這一片座落在丘陵中的親水公園，像顆明珠不艷也不俗的掛在關西鎮上。

※關西牛欄河。

客家子民的含蓄盡在樹林光影中

走過北埔到大湖這一段旅程，你會強烈感受到自然景觀和人文歷史緊密結合在一起。

夏日走在充滿蟬鳴的路上，一抬頭，一厝古老的三合院嬌羞隱藏在樹林裏。或是三山國王廟就靜靜屹立在山頭、或村落、或村民最需要信仰的地方。偶爾看到勤儉的客家子民就在路旁晾曬榨菜……清晨的

※精緻的門牌。

※沿路可見的客家風味。

雞啼、池塘畔的釣客，作家李喬《寒夜三部曲》的景象正鮮活呈現在眼前。不知騎著單車來回這路段幾次了！每次奔馳在黃昏時分的炊煙雲霧之中，大口呼吸嗅聞台3線特有的客家鄉間氣息，似迷藥再吸引下一次的踩踏。

長坡的考驗

上了百壽隧道，也是旅程路徑中最長的隧道。台3線公路的海拔高度並不是非常陡峭，但上坡路段都非常長，在一段辛苦的長坡之後，接著的是一段清涼的下坡路程，在一上一下的冷熱情緒，上了往卓蘭的長坡，鯉魚潭的景致漸漸浮現。一條往右，指標往三義的「苗52」道路沿著大安溪於鯉

魚潭之間緩緩上升又下降，鯉魚潭的水光就在樹林葉隙中，一會兒可見，一會兒又隱沒。過了六公里之後，右側一條往龍騰

※最高點——百壽隧道。

斷橋的路也是到勝興車站的方向，直上山林又是另外一番和諧的田園山色。昔日，山線火車緩緩從鯉魚潭上經過時，這裡的山光水影與斷橋的鉛華盡在眼裏。

※秋天的鯉魚潭。

※龍騰斷橋。

與螢火蟲共悠遊的夜晚

　　勝興車站曾是台灣西部鐵路幹線海拔最高的火車站，自從幹線改道，勝興車站停止行駛之後，勝興車站反而聲名大噪。初夏的夜裡，這附近的山區更是螢火蟲的棲息地。夏日的夜，老車站、屋瓦房和山間裏的涼意，追逐綠色的光點和蛙鳴的自然音響，好像又重返童年！

　　離開勝興到三義這一段輕快暢意的下坡路段，大概會讓所有單車旅行者謹記於心。中途經過當地居民所蓋的茶亭，如果時間還允許，坐下來喝口茶，享受自然的涼意，回望這一座山城，旅行的內容是可以這麼簡單精緻，享受自然也深層感受百年來客家人文在這一片山林的蘊育與變遷。

　　到了三義火車站，把單車打包好，準備上火車。走過這一段路，內心的旅行美學好像不慍不火又慢慢滋養了許多。

■ 單車小記

1. 路況：這一路段非常適合初嚐單車旅行的旅行者。全程均為柏油路面，坡度適中，從獅潭到三義路段上坡較長。唯一美中不足的是，大溪往龍潭路段車輛較多。

2. 食宿：關西、竹東、勝興均有住宿地點。

3. 交通：車袋族可搭火車至鶯歌站，往三峽方向騎行，過三鶯大橋後，右轉直走約8公里，即可到達大溪鎮顯靈宮。回程則到三義火車站搭火車。火車時刻可上網查詢，台灣鐵路管理局網址為http://www.railuay.gov.tw。

■ 行程建議

1. 一年四季皆可。
2. 建議兩天一夜的行程。

南台3線
──曾文水庫

等 級	★★☆
路 況	柏油路面
里 程	105公里

翻開地圖，此區沒有繁華的大都會也沒有著名的風景區，但是如果輕輕的走入每一個小村莊，你會發現每一個村莊的氣味都似童年玩伴般的親切。

曾文水庫是南台灣最大的水庫，其水域縱貫了嘉義及台南兩地區。環繞水庫的主要路徑仍以台3線為主，但此段的台3線不同於其他路段的風情；蜿蜒於林蔭與水光之間。每當穿梭於果園農舍，那一種農家樸素的空氣便緩緩盈滿雙頰。

※俯瞰曾文水庫全景。

里程：漚水－大埔－楠西－關仔嶺－漚水，約105公里。

等高線圖：

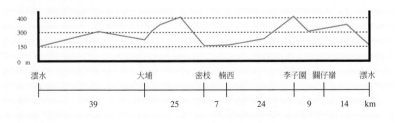

小鎮的快意自由

　　不論從哪一頭出發，起起落落的緩坡不時穿梭在樹林裏的路徑的自由快意；尤其是台3線路段，沿著曾文水庫，寬廣的湖面時而出現、時而隱沒。若在夏季時分，那如雷貫耳的蟬鳴，聲聲道出南方小鎮的夏日熱情。沿路幾處小鎮的氣質值得你留連造訪；隨意坐在廊道下喝杯珍珠奶茶或是芒果冰沙，那悠閒的空間，即使沒有名山勝水，仍令人深深感受旅行的自由。

※黃昏時分的曾文水庫。

※路徑兩旁的果樹。

※樸實的農舍。

※淡淡的山嵐瀰漫在聚落山林。

行駛在晨霧雲嵐中

　　清晨在湖面未退散的雲嵐中聽著遠方雞鳴，如陶淵明般農村生活活生生呈現在眼前。不論是住宿於青年活動中心，或是借住於農家民宿，這裡農村早晨的平靜與清醒是住慣都會的人所未有的自然享受！輕輕踩動踏板，悠遊於只有小狗漫步的道路上，偶遇駕著拖拉機的果農……一切景象隨著兩輪轉動的光影而播放著。

　　由曾文水庫往關仔嶺的174和175號道路，雖然逐漸遠離了水庫的湖光山色，但沿路的果園景致和樸素古意的農舍點綴在山林間，清晨偶爾一道雲霧飄來，騎著單車蜿蜒在其間，那一股簡單清涼快意，不就是踏板族所求？

　　幾個小緩坡上到了關仔嶺，可選擇下至白河鎮或泡個溫泉，休息一下再出發。用單車確實行走這麼一遭，雖然旅程短暫，但與土地貼近的感受又多了一層踏實。

※寧靜無車的道路。

※如桃花源的鄉村。

■ **單車小記：**

1.路況：整個路段屬柏油路面，環曾文水庫段人車稀少。

2.食宿：路途中有許多雜貨店，但建議你攜帶一些乾糧。曾
文水庫青年活動中心是可住宿的地方，不然可嘗試
紮營的方式。

3.交通：車袋族可搭火車至嘉義市。

■ **行程建議：**

1.適合精緻旅行的路徑，值得你留下來過夜，體會山光水景
及小鎮的風情。

2.一年四季皆可。

後花園的路徑

花東縱谷
193—197道路

等 級	★ ★ ★ ☆
路 況	柏油路面 / 混合路況
里 程	183公里

　　花東地區一直被視為台灣的「後花園」，西倚中央山脈，東濱太平洋，其間的花東縱谷平原更是原住民阿美族和後期漢人移民的活動領域。

　　縱貫花東縱谷平原有兩條公路，台9線是主要道路也是台灣最長的公路，位於花蓮溪西岸，緊鄰花東鐵路，縱貫縱谷平原，故又稱「花東縱谷公路」。另一條則是193線，位於花蓮溪東岸，緊貼著海岸山脈，是海岸山脈中各部落彼此聯絡的主要道路。

　　從花蓮市過花蓮大橋右轉的193道路，經太巴塱到樂合接上台9線，行駛到池上再接上197線直到台東市。同樣縱貫於縱谷平原，這一段旅行路線的感受迥異於「花東縱谷公路」。

※花東縱谷開闊的野景。

里程：台東市至花蓮市，約183公里。

等高線圖：

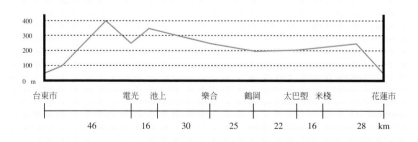

台東市		電光	池上		樂合		鶴岡		太巴塱	米棧		花蓮市
	46		16	30		25		22		16		28　km

前往後山

　　每一次前往花東地區，好像約定成俗，不由自主的會以花蓮做爲旅程的起點，台東做爲終點。這一次反向操作，將單車由火車載至高雄，再由高雄轉搭客運車到達台東。

※路徑兩旁曬著當地的特產──金針花。

　　在客運車司機的熱心幫忙之下，單車在車站組合好。一路的折騰，單車並無任何損傷。踩上踏板，沿著中華路往富岡漁港方向前進。每一次來到台東，隨著台東悠閒的生活步調，心情總是有如脫胎換骨一般。

※滿州的田園景象。

深入都蘭山

　　過了中華大橋，在還沒有下坡之前，即橋端左側有一往關山的指標，沿著指標行駛大約不到2公里處的右側，一條通往鸞山的道路，即197線道路。從此岔路到池上共62公里。

　　沿著197線道路一路上坡，右側很清楚可以看到整個台東空軍基地的全貌和遠方的太平洋。騎到最高點，海拔約300公尺處，鳥瞰整個台東市區與遠方的綠島，加上人車稀少，這段路徑堪稱上天的禮物。

　　197線道路就蜿蜒在都蘭山下，穿梭卑南族早期幾個部落之間。都蘭山是卑南族的聖山，相傳197線道路附近是卑南族祖先最早居住的地方，後來才慢慢遷移到卑南溪溪谷平原。現在這些在197線的部落人口多數已外移，只有富源、鸞山兩

個人數不多的部落，加上都蘭山的地理環境，午後山區常起薄霧，每行經部落，一股靜肅的氣息不禁從心中油然而生。

過了鸞山，卑南溪對岸過鸞山大橋即是鹿野。直走往電光的方向仍是197線道路，只不過過了梅山之後，不知是否正在修築道路？這一段路一直到慈惠堂都是混合路面，且是上坡路段，也是整個旅行路徑最辛苦的一段路，但能深入都蘭山，享受都蘭山的雲嵐，這一段路徑所付出的體力是值得的。

出了都蘭山，路徑的前方是一片翠綠的稻田平野。花東縱谷平原的魅力吸引你的視線，從來沒有過在這個方向凝視縱谷平原，整個視野的角度是與行走在縱谷公路完全相反的。那一股平靜、坦蕩的農田依序陳列，只有詩句中才會有的景象，沒有絢麗的夕陽，沒有擾攘的瀑布，騎著單車深怕驚擾到這裡的一草一木，在這裡時間被凍結了。

※路徑緊貼著稻田行走。

多元族群文化

　　交錯於花蓮與台東兩縣之間的縱谷平原，大概是全台灣居住族群最多、文化最豐富的區域。其中包含阿美族群、卑南族群、布農族群和閩、客族群，以及後來的中原地區的族群。

　　每到夏季這裏就展開一連串的祭典，有歡樂的豐年祭也有神聖的祭典，堪稱東台灣的文化特色，最難能可貴的是，這些族群共同繼續守護著這一塊淨土，並引以為傲。

　　池上的稻米蘊育在人人稱羨的獨特環境，到了池上不免要接上台9線。兩條路徑的特點在此就可比較出來。

　　台9線是騎行花東縱谷常走的路線，其間鄉鎮多，人文色彩豐富，最重要的是補給容易，若要輕裝且考量時間限制，台9線是不錯的選擇，唯一的缺點是車輛陸續增多了。單車旅

※與火車並行的台9線。

行就是要享受那一種無拘無束，且不打擾到自然人文的旅行途徑。決定快速離開台9線，過了安通，在玉里大橋之前的樂合接上193線道路（舊路標寫著195甲，但已逐步改成193了）。離開擾攘重回到舒服的陽光，也告別了台東縣。

193線道路緊鄰海岸山脈山腳，夾雜在秀姑巒溪之間。這一段路徑地勢平緩，人車依然稀少，除了瑞穗和鶴岡閩客族群較多之外，沿路整個區域多屬阿美族活動區域。尤其太巴塱部落，相傳是阿美族最早定居的部落，不遠處有一阿美族的發源地。近幾年來原住民深感其母源文化的重要性，極力保存其文化並推動文化的傳承，從經過規劃的太巴塱部落型式，就可體會到阿美族人保存其文化的用心。

【原住民慶典一覽表】

時間	慶典名稱	時間	慶典名稱
國曆2/15	鄒族戰祭	國曆7月中旬	卑南族南王海祭
國曆3/1	達悟族飛魚祭	國曆7（台東）、8（花蓮）月	阿美族豐年祭
國曆3月	信義布農族打耳祭	國曆7-8月	魯凱族豐年祭
國曆3月	霧社泰雅族文化祭	國曆8月（7年一次）	東加阿美成年祭
國曆4月	高雄縣原住民聯合豐年祭	國曆8月中旬	排灣族豐年祭
國曆4/30	紅葉布農族打耳祭	農曆8/15	邵族豐年祭
國曆6月	達悟族收穫祭	國曆10/25	排灣族竹竿祭
國曆6月	達悟族船祭	農曆10/14	頭社平埔族夜祭
國曆6月第二週日	阿美族海祭	農曆10/15左右	賽夏族矮靈祭
國曆6-8月	噶瑪蘭祭	國曆11月	苗栗泰雅族豐年祭
國曆7月	泰雅族豐年祭	農曆11/15	加蚋埔馬卡道族公廨祭
國曆7月中旬	卑南族知本豐年祭	國曆12/25~1/1	卑南族跨年祭

昔日的後山記憶

　　途經鳳林鄉，最讓人感念的莫過於「箭瑛大橋」。那是發生在民國60年代震撼社會的感人故事。兩位來自鳳林的小學老師不顧花蓮溪溪水暴漲，執意要橫渡到對岸的山興小學執教，在過溪時被洪水沖走。後來為了紀念張箭、鄧玉瑛兩位老師在隔年建了「箭瑛大橋」。當年才剛學會讀報的我，讀到這一則新聞，20幾年來一直謹記著這一則新聞。「箭瑛大橋」就好像綻放在海岸山脈的百合，清清淡淡望著後山的子民。

　　感覺到砂石車的存在，就感覺到花蓮港已在不遠處了。過了月眉部落的最後一個長坡，花蓮港的光影就在山與海的接壤處。告別後花園，即將回到喧鬧的人間。

※箭瑛大橋記憶著後山的故事。

▓ 單車小記：

1. 路況：整個路段多屬柏油路面，只有鸞山到電光之間有10
   餘公里的混合路面。最棒的是197線和193線人車稀
   少，只有從箭瑛大橋快到花蓮大橋前路段會碰到些
   許的砂石車。

2. 食宿：路途中有許多雜貨店，但建議你攜帶一些乾糧。池
   上、關山、瑞穗、太巴塱均有住宿的地方。

3. 交通：車袋族可至高雄轉搭國光客運，往台東的班次非常
   多（台中干城車站每天晚上10點半亦有一班直達台東
   的班次）。且貨物廂可容納你的愛車，車站人員也會
   熱心為你服務。另一種選擇是搭火車到花蓮。

▓ 行程建議：

1. 一年四季皆可，只是冬季時較濕冷且颳著東北季風。
2. 建議兩天以上的行程。

深坑—平溪—瑞芳

採煤的路徑

等 級	★ ★ ★ ☆
路 況	柏油路面
里 程	39公里

「煤」對新一代的台灣子民雖然是陌生且少數的產業名詞，但它扮演了某個時代無法抹去的影像，所以特別選擇了這一條路徑。

位於台北縣深坑、石碇、平溪、瑞芳……這一區域都是早期台灣煤產的重鎮，電影《戀戀風塵》即是昔日此地的光景。隨著經濟的轉型，煤產失去了其經濟價值而停止開採；過去的煤廠廢墟成為現今觀光景點，艱辛的礦工生活只能從留下的礦坑去想像了。

※菁桐街上的礦工雕像。

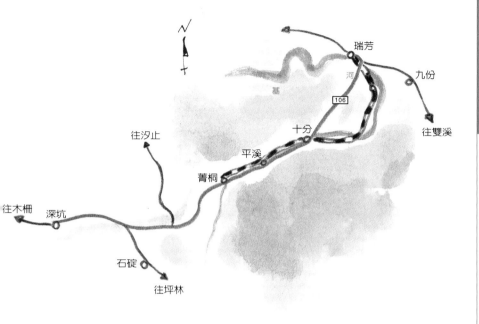

里程：深坑－平溪－瑞芳，約39公里。

等高線圖：

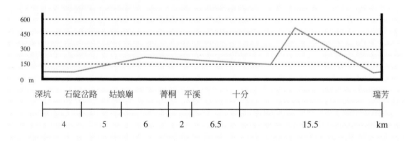

老街的路徑

　　從台北市木柵進入深坑對踏板者是最方便的路徑，亦可從深坑一路到平溪、瑞芳的直接路徑。過了木柵動物園再前進5公里即是著名的深坑老街，再不遠處則是石碇老街。老街精緻的

※深坑老街一隅，閩南紅磚建築敘述著興衰歷史。

閩南紅磚建築，閃耀昔日這一帶的興盛。躲過假日的人潮，騎著單車在平靜的老街巷弄曳曳前行，童年時光又歷歷在目。

※靜安橋串連十分村和南山村，走出十分車站即可瞧見。

基隆河的源頭

　　往平溪的方向緩緩而上，沿路的住宅不是依著山腰就是傍著溪流，形成非常特別的景觀。過去的生活離不開水，現在也是；分水崙一處即是貫流台北盆地基隆河的源頭，涓涓細流從山澗一滴一滴流向台北盆地。

　　從菁桐坑到十分寮這一段路徑即是當年煤產的盛地。過去的煤礦礦廠、礦坑、礦工工寮都依稀留存，尤其日式的木造建築更添加了歲月的痕跡。而平溪段的小火車，過去載滿了黑油油的煤炭，今日則裝載著來往居民與訪客的鄉愁。

夏日夜行

　　過了菁桐地勢平緩，路徑沿著基隆河而下，不時見著吊橋連接著兩岸。若是夜間騎行，偶爾還可看到天燈在谷壑中冉冉上升。聽著蟲鳴，吹著山裏

※與溪流相傍的平溪民舍。

的涼風，很難想像這景象只離台北數十公里。過了十分寮之後，路徑兩旁樹林綿延，再過了幾個緩坡後，則一路下到瑞芳。

雖然只是短短30幾公里的旅程，但單車時而穿過小橋駐足遙望基隆河，時而漫步在昔日的礦道上，50年代的生活不正是如此著？誰能想像就在這離台北不遠處，阿公阿媽當時正上演著有如「天空之城」般，我們曾憧憬的山城生涯？

※ 天燈為平溪帶來了觀光人潮。

■ 單車小記

1. 路況：整個路段屬柏油路面，假日時來往於石碇、平溪的車量較多。到了菁桐可沿著鐵道旁路徑到平溪。
2. 食宿：路途中許多雜貨店，菁桐坑至十分寮有民宿。
3. 交通：車袋族可搭捷運至木柵。到達瑞芳可轉乘火車。

■ 行程建議

1. 雖然路程只有30餘公里，但這一段路徑值得你留下來過夜，體會昔日山城寧靜的夜音。
2. 一年四季皆可，只是冬天是雨季，但獨具風味。

二
海岸邊際的路徑

台灣是海島國家，擁有千餘公里的海岸線，加上東西岸截然不同的人文、自然景觀，所以更沒有理由不親自拜訪這些台灣最邊境的路徑。

台17線

等 級	★☆
路 況	柏油路面
里 程	172公里

　　台灣西部海岸常被旅者忽略，一方面她沒有像東部海岸具有壯闊的自然景觀，一方面並未鄰近特別大的都會區。

　　也由於如此原因，台灣西部海岸地形在沒有太大變化之下，其溫和的漁村人文風景，反而成為西部平原都會文化之外的另一種珍寶。

※泛著夕陽餘暉的港口。

里程：鹿港至台南市，約172公里。
等高線圖：

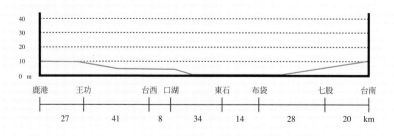

古蹟處處的鹿港

鹿港鎮大概是全台灣古蹟最多的地方，但走在鹿港鎮上卻沒有一般古蹟觀光風景區那一種人潮擾攘的壓迫感。居民自然悠遊生活在其中，不論騎著單車穿梭在巷道中或佇立在龍山寺前，都能漸漸體會到這個歷史古鎮平靜迷人的地方。

※鹿港龍山寺。

迎著海風接上台17線，往南方向前進，陣陣西部海岸獨特的氣味沁入你的旅行思緒。

養蚵人家

台17線一直沿著西部海岸線，雖有部份路段與西濱快速道路重疊，過往車速較快，但大部份的路段途經漁村；彰化芳苑一直到嘉義布袋，這一帶狀的魚塭養殖與養蚵生活是台灣西部海岸的典型景觀。「靠海吃海」這一句話在這裏充分展現無遺；漁村子民的勤儉吃苦是其他路徑旅行中所無法感受的氛圍。

※竹筏是此地的交通工具。

※路邊成堆的蚵殼。

※魚塭沿途可見。

※養蚵常見的景色，突出的竹竿上串聯著蚵殼。

※南鯤鯓王爺廟。

夜市與廟的文化

　　一路由北而南，西部海岸的漁港大都集中在這裡了！蚊港、三條崙、布袋港……大大小小的漁港。由於討海生活的不確定性，漁民的生活信仰多寄託於廟宇。這一路徑的廟宇之密集與華麗也是台灣本島之最，且入夜之後寬廣的廣場常成為繁華的市集，也是居民的娛樂所在。這裡沒有百貨公司，但夜市處處可見！

　　台南南鯤鯓的代天府大概是全台規模最大的王爺廟了。寬敞的廣場不難想像萬名的信徒為求得心靈平安遠從各處來到這裡。行經此地不僅感受到這一區域居民的虔誠信仰，不經意地都有可能隨時參與其中盛會。

　　來到此段旅程的終點，也是南台灣另一個文化古城──台南市；一個異於北台灣文化的城市。回想這一段西部海岸的路徑，雖然距離我們不遠，但好像未曾如此體會這裡的風土人情。迎著有點腥味的海風，行走在海埔地的路徑，不時傳來的水車攪拌聲，這裡的一切都那麼的平淡且真實。

■ **單車小記**：

1. 路況：整個路段屬柏油路面，只有與西濱快速道路重疊處車流量較多。
2. 食宿：路途中許多雜貨店，這裏並沒有民宿和便宜的旅館，但可投宿廟宇的香客中心。
3. 交通：車袋族可搭火車至彰化再騎至鹿港。到達台南可轉乘火車。

■ **行程建議**：

1. 適合體會台灣西部海岸文化的最佳選擇，可安排二至三天的行程。
2. 春天是最佳季節，海邊陽光沒那麼大，而且此時祭祀活動多。

花東濱海公路

海與陽光的路徑

等 級	★★☆
路 況	柏油路面
里 程	174公里

　　台灣東海岸緊臨太平洋波瀾壯闊的景觀和阿美族文化，一直是東部最豐富的資源。從花蓮一直到台東的富岡港，綿延近180餘公里的台11線，是台灣本島親近太平洋最長的道路，也是享受東海岸燦爛陽光、海風與美景的路徑。入秋之後又可感染阿美族豐年祭的歡樂與充沛的生命力。如此和諧自然景觀與人文內涵的路徑，值得騎著單車深度旅行。

※海天一色的濱海公路。

花蓮市
花蓮大橋
花蓮溪
水璉
呼庭
光復
豐濱
奇美
瑞穗
大港口
長虹橋
太
平
洋
秀姑巒溪
長濱
富里
成功
都蘭山
中華大橋
台東市

里程：花蓮－台東，約174公里。

等高線圖：

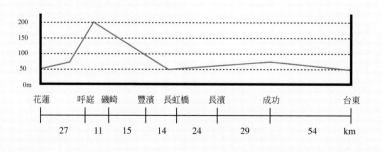

200
150
100
50
0m

花蓮　　呼庭　磯崎　　豐濱　　長虹橋　　長濱　　　成功　　　　　台東

27　　　11　　15　　　14　　　24　　　29　　　　54　　km

離開塵囂走向大海

騎出花蓮大橋，順著台11線由北向南，灰濛的城市影子逐漸遠離視線，如水晶般亮麗的湛藍盈滿雙眼。

在過去，花東濱海公路一直因為來往的砂石車過多而遭人詬病。近幾年在東海岸風景區管理處的積極規劃管理，與當地居民的反應之下，砂石車多已改道行駛，如此一來居民免於砂石車快速來往奔馳的恐懼，也讓單車騎士

※海岸山脈的峽谷。

※海邊的牧場。

能盡情享受只有海、風和陽光的世界。

　　沿著海岸邊緣過了新興的海洋世界，約略5公里即來到鹽寮。鹽寮也是許多想遠離都會生活人士第一選擇的純樸花園。現在，當地的阿美族居民也利用這美麗的資源用心營造自己的家園。

山谷中的部落

　　路徑逐漸離開海的視線，婉轉進入山谷。水璉是看不到海的阿美族部落，阿美族語為「沼澤」之意，故夏季時非常濕熱，也是許多野生動物常聚集的環境。不遠處的牛山海濱昔日更是黑白石的盛產地！也是觀海的最佳地點。爬坡上至薯寮坑是此段路徑的最高點，而這一段路也是此路徑較辛苦的路段，但過了加路蘭山之後，又一路輕快下到新社部落；花東唯一的噶瑪蘭部落。

海上長虹

過了豐濱幾個上下緩坡，即到達一橫跨秀姑巒溪的紅色鐵橋——新長虹橋。比起新橋，舊長虹橋顯得溫柔多了。站在新橋看舊橋，那感覺是非常特別的。

秀姑巒溪就從長虹橋下靜靜流向太平洋。夏日，溪中不時傳來泛舟遊客的驚叫聲。花東濱海公路就是那麼豪放但又帶點柔情的路徑。過了長虹橋，就又進入了另一個原鄉花園——台東了！

海的慶典

花東濱海路徑雖然穿梭了花蓮與台東兩縣海岸部落，也聯結這一群流著阿美族血液的族裔。每到夏日一連串的豐年祭典，則一個部落、一個部落陸續舉行，宜灣、水璉……等平時不起眼的阿美族部落，都會重拾昔日海洋征伐的生命風華。

※現代新穎的新長虹橋。

走過了花東濱海公路，不僅欣賞了花東海岸的美麗景致，
更深深體會了這一群以海為生、展現強烈生命力的民族。

※磯崎海水浴場。

◼ 單車小記：

1. 路況：整個路徑道路坡度平緩，路面都是柏油路面，非常
適合想初次體驗單車旅行的旅行者。

2. 食宿：此路線沿途均有部落或是露營地點；呼庭、磯崎、
杉原均有露營區。所以食宿上並不用擔心，只要衡
量自己的體力與行程來決定。

3. 交通：車袋族可以花蓮站或台東做為轉運站。

◼ 行程建議：

1. 可安排三天以上的行程，才能從容體會這條路徑的豐富。

2. 四季皆可，冬季此段濕冷且颳東北季風。

3. 豐年祭約在每年7月中旬至8月下旬。

恆春半島

貼近南方的海

等 級	★★☆
路 況	柏油路面
里 程	170公里

　　恆春半島位於台灣最南端，三面臨海，分別為台灣海峽、巴士海峽與太平洋。恆春舊名「瑯嶠」，譯自排灣族的發音，是當地的一種蘭花名稱。類似如此典故的舊名稱如牡丹、鵝鑾、滿州等，目前依然沿用著。

　　恆春半島面積並不大，但整個區域包涵南台灣得天獨厚的熱帶海洋景觀與恆春半島早期漁民的人文景觀，再加上墾丁國家公園的自然生態，利用單車旅行恆春半島，穿梭在椰林陽光下，徜徉在海天共色的世界，真是別有一番南島風情。

※騎進恆春半島感受太陽熱力。

往枋寮

往壽卡

楓港

旭海

N

台灣海峽

199

牡丹

港仔

太平洋

車城

四重溪

九棚

南仁湖

200

紅柴坑

恆春

滿洲

大尖山

小港

龍鑾潭

墾丁

貓鼻頭

鵝鑾鼻

巴士海峽

里程：恆春半島一週，約170公里。

等高線圖：

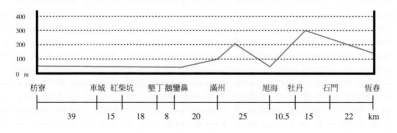

進入南方

在枋寮一下火車，撲鼻而來的便是鹹鹹的海風味和南台灣四季不變的驕陽。把單車組合好，踩上踏板前進恆春半島。

一出枋寮即接上交通繁忙的台1線，這是通往恆春半島唯一的路線。平時非假日交通流量還好，但一到了假日，車輛暴增，連機車專用道都被汽車所佔據。還好有廣闊的海洋相伴，不然心情真是跌到谷底。

過了車城，墾丁國家公園的牌樓豎立在前。往右側通過牌樓後，往後灣港的方向前行。

這是恆春西海岸景觀道路，緊貼著碧藍的海洋，並通過幾個仍保有早期恆春漁村生活型態的漁村。海風夾雜淡淡的魚腥味迎面而來，行經這裡，這是一份避免不了的見面禮。

若你喜歡墾丁的夜生活，你可以繼續踩踏前進墾丁。若你憧憬恬靜的海與夜，這濱海公路旁有許多露營區，讓你充分

※滿州的老建築。

※鵝鑾鼻的海。

享受只有海浪與星辰的夜晚。

　　這是一條與海緊密相連的公路。過了龍鑾潭，我們又回到主要公路上，沿著南灣，欣賞大自然的雕刻，吹著來自巴士海峽的風。

鵝鑾鼻燈塔

　　過了墾丁，來到台灣的最南端，也是全台唯一的軍事用燈塔──鵝鑾鼻燈塔。記得在海軍艦艇服役的那段日子，夜裏船艦每巡行過巴士海峽，看到來自陸地的那一束光芒，心緒總會特別沈靜。想必恆春半島的漁民們，在海上征戰多日，看到來自鵝鑾鼻燈塔的光，彷彿就是故鄉的光、親人的臉。過了鵝鑾鼻，轉個彎上到埔頂的聯勤活動中心，最漂亮海岸草原橫亙在眼前，和一望無際的海洋，世界簡單到只有綠與藍。

滿州田野

　　往北而行，過了海墘大橋，指標往右是通往以海蝕地形景觀著稱的佳樂水，往左是往滿州的路徑。但記得在永港國小處右轉接上200線公路往滿州。因為這一路山區的農田美景常

※滿州的田野。

讓人陶醉在其中，而一路忘我騎到恆春了。

　　滿州是滿州鄉的行政中心，過去是排灣族活動的領域，舊稱「蚊蟀埔」。「蚊蟀」是排灣族「臭」的發音，滿州的山區曾蘊藏了豐富的野生動物，過去排灣族獵人將吃剩的野生動物丟棄在此，久而久之發出一股臭味，所以有了這個稱呼。暫時告別海洋之後，在山裏騎行10餘公里，右邊一條路通往南仁湖保護區，再往上過了八瑤之後就一路下到九棚。

※往南仁湖的岔路。

最接近陽光的聚落

再繼續往北踩踏，道路與海第一次那麼親近，好像隨時可以撂下單車，恣意走向海洋。行經中科院的飛彈試射場，告訴自己再不遠處旭海的美麗將融化這些冰冷的房舍。

※旭海的海岸。

旭海正如其名，座落在東太平洋邊緣的一個小村落。記得以前要去旭海，檢查哨的員警都會上到公車一一詢問外地來的乘客身份。那時依稀記得一位來自旭海的朋友的名字，就很直覺向檢查人員說出：「我是某某的親戚。」檢查人員瞧了兩眼就放行了！當然，現在不需要再用這個方法了。

※遠方即是旭海村。

旭海草原是欣賞日出的最佳景點，眺望第一道陽光從太平洋彼端射出。旭海村的開放，讓身體更親近陽光了。旭海除了觀日出之外，還有一座得天獨厚的溫泉，就在旭海國小旁。當踩踏一天的身軀被熱騰騰的泉水包覆時，疲勞都隨著煙霧散去。

　　翌日出了旭海往牡丹方向騎行，這一段路是此趟行程較陡峭的部份。彎了幾個彎之後，來到最高點，遠望依山傍海的旭海，汗水是欣喜的。

排灣原鄉

　　到了牡丹，充滿濃烈排灣族色彩的地方，粗獷的木雕作品不僅呈現在牡丹大橋上，行經路上偶爾會遇上剛下山的獵人，領著成群的土狗，車子載著一頭山豬，浩浩蕩蕩從你眼前經過。不遠處的石門古戰場，排灣族先民曾在此揭舉一場壯烈的戰役。當然，平和的山野和排灣族深沈的輪廓才是牡

※昔日恆春古城的東門。

丹的最佳景致。離開山區的林蔭，再次曝露在南方的陽光下。過了統埔，取一條往南的小徑即可到達恆春的某一個角落。

恆春是一座為軍事國防所設計的城廓，除了四道古城門之外，仍保有許多舊建築，不失為一座擁有豐富歷史的古城。騎著單車巡行在古城之中，領受當地純樸的民風，找一個休息的好地方，喝喝下午茶，讓身體完全吸滿恆春半島陽光的熱力。

■ **單車小記**：

1. 路況：整個路徑道路坡度平緩，路面都是柏油路面，非常適合想初次體驗單車旅行的旅行者。

2. 食宿：此路線沿途均有住宿或是露營地點，即使在旭海村也是兩者兼具，所以食宿上並不用擔心，只須衡量自己的體力與行程來決定。

3. 交通：車袋族可在高雄轉搭南迴線鐵路，在枋寮站下車。或是搭乘客運在車城站下車。回程交通可在恆春搭乘民營客運回高雄。

■ **行程建議**：

1. 可安排三天以上的行程，才能從容體會這條路徑的豐富。

2. 四季皆可。

三

島嶼風情的路線

若離台灣環島的願景尚有些距離，
我們特別精選了適合嚐試環島滋味的島嶼風情一系列。
島嶼風情精選了三組不同特性的島嶼單車旅行；
神秘原始的達悟蘭嶼，
擁有全台最古老廟宇的澎湖，
及保存最完善閩南文化的金門。
利用單車解決了在離島的交通問題，
又能靜靜融入當地的人文與自然。
騎著單車拜訪這些島嶼，
一定讓您發現新的旅行憧憬。

追風的路徑
澎湖本島

等級	★
路況	柏油路面
里程	203號36.5公里／205號20公里

　　看過電影「桂花巷」的人，一定著迷在那古意十足的古厝裏；那氣質來自澎湖。造訪澎湖10餘次，雖然古老的房子已被現代水泥樓房取而代之，但深入村莊，發現澎湖島民的海洋性格，10幾年來並無多大改變。

　　澎湖群島原為一塊古老的火山熔岩台地，經海洋不斷的沖蝕，逐漸形成現在的澎湖群島。澎湖本島地勢平緩，最高海拔約52公尺，非常適合初次嘗試單車旅行愛好者。且一路沿著島嶼邊緣前行，處處可聽到海浪聲，每一條路徑均是欣賞蔚藍海洋的最佳景點。偶爾穿梭在悠閒聚落巷道間，更能貼近純樸的島民性情。

※典型傳統澎湖民居，可見雕花鏤空窗格。

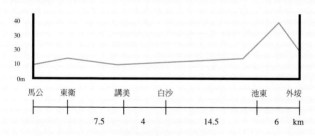

里程：203號道路，馬公－外垵，約36.5公里。
等高線圖：

（馬公　東衛　講美　白沙　池東　外垵）
（7.5　4　14.5　6　km）

里程：205號道路，馬公－風櫃，約20公里。
等高線圖：

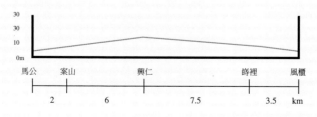

（馬公　案山　興仁　嵵裡　風櫃）
（2　6　7.5　3.5　km）

※今日的跨海大橋，於73年改建，85年完成。

四處皆可看到海的路徑

　　澎湖本島的主要公路均以馬公市爲起點。主要有201、202、203、204、205道路，再由縣道連接島嶼各村落。這些道路又以從馬公市到西嶼鄉外垵村的203道路最長，總長約36.5公里。其次爲到風櫃尾的205道路約20公里。這幾條道路最大的特色，就是不管你鑽進那一村落，海洋隨時隨地陪伴著你。

　　因爲澎湖車輛較少，且地勢平坦路況佳，即使到達各小村落的道路也都是柏油路面。建議貼著島嶼邊緣，穿梭在村落巷道陽光中、穿過瓊麻樹

※昔日的跨海大橋，因不敷使用而改建。

林，不僅是真正的環島行，最可貴的是一趟行程下來，你會感受到不一樣的澎湖。

廟宇的澎湖

※有海的地方就有廟宇。

　　每當到一個村莊，最明顯的建築物一定是廟宇。馬公市的天后宮不僅是台灣最古老的媽祖廟，其全島大大小小廟宇的密集分佈，更是全台之最。可能因為討海生活的艱辛，廟宇不僅是村民信仰的中心，更是村民交換活動訊息的所在。所以澎湖的廟宇在居民的用心整理之下，更是美侖美奐。在夏季炎熱的中午時分，廟宇絕對是單車旅者最佳的休息地。鋪一捲草蓆，悠閒看著陽光下的碧藍海岸，這裏就是澎湖。

※澎湖特有的硓𥑮建築。

不論是搭乘飛機或是乘坐輪船，馬公市的天后宮一定是旅行者第一個必訪的地方，也是旅程的終點站。坐在中央街區，不僅可細細品味古澎湖的鉛華與生活步調，吹著徐徐海風咀嚼著這一趟澎湖的單車深度旅行，菊島的滋味既古老又甜美。

※隨處可見的天人菊。

※曬漁獲。

※西嶼的落日。

■ 單車小記

1.路況：整個路徑道路坡度平緩（幾乎沒有坡度），路面都
　　　　是柏油路面，且車輛稀少，非常適合初次單車旅
　　　　行的旅行者。環島一圈（含小路）約100公里。

2.食宿：大部份的村落都有小吃店。住宿地點仍多集中在
　　　　馬公市，民宿並不普遍，可嘗試紮營的方式。

3.交通：前往澎湖可在高雄新濱碼頭搭乘台華輪，布袋港
　　　　搭明日之星號。

　　　　明日之星：嘉義（05）3476210
　　　　　　　　　馬公（06）9262302
　　　　台　華　輪：高雄（07）565313轉212
　　　　　　　　　馬公（06）9264087

■ 行程建議：

1.逢小路就走，絕不會迷路。

2.一年四季皆可，只是冬天風超級大，但獨具風味，你會愛上
　的。

太平洋上的綠寶石
綠島、蘭嶼

等 級	★	★
路 況	柏油路面	柏油路面
里 程	16公里	36公里

　　綠島與蘭嶼位於台東市東南方的太平洋海域，均屬海底火山噴發形成的島嶼。再因人為開發早晚的不同，兩座島嶼顯現出不同的景觀與人文。

　　綠島面積約15.5平方公里，蘭嶼約45平方公里，雖然面積都不大，但因座落在西太平洋邊緣，湛藍的太平洋深海包裹著兩座島嶼，到了這裡反而有著遺世獨立的輕盈。

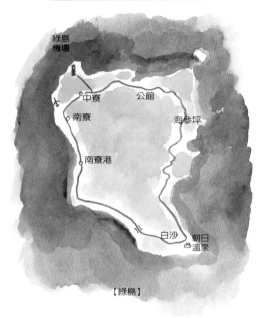

【綠島】

里程：綠島環島公路約16公里。
等高線圖：

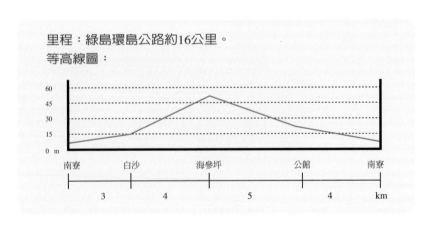

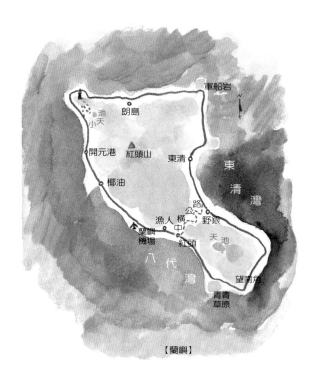

【蘭嶼】

里程：蘭嶼環島公路一圈，約36公里。

等高線圖：

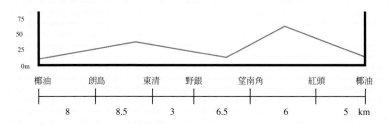

※遠方即是小蘭嶼。

※蘭嶼獨木舟。

※海島夕陽。

觀光的綠島

　　因為客船的航班固定，且航行時間不長，所以一到假日整座島嶼湧入數以百計的遊客與潛水者，堪稱太平洋上的海洋公園。

　　全島交通以19公里長的環島公路為主要路徑，以南寮為出發點循著島嶼邊緣，想騎到那裡都非常方便，只是路徑兩旁毫無遮蔭，南方的陽光只須一天，就能在你身上留下黝黑的記憶。

※碧藍的海洋。

穿越蘭嶼的唯一路徑，也是俯瞰八代灣和東清灣的最佳
路徑。

里程：野銀至紅頭，4.2公里。
等高線圖：

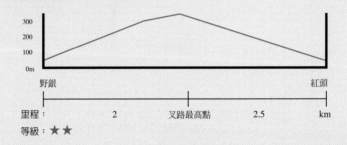

等級：★★

※蘭嶼的環島公路。

達悟的蘭嶼

相對於綠島，蘭嶼就像一顆被遺失在深海中的碧綠寶石。蘭嶼距離台東90公里，最快的客船至少需要航行2個小時。島上居民約3千多人，以達悟族為多數，分別居

※晾飛魚乾。

住在椰油、紅頭、漁人、東清、野銀及朗島6個部落。數百年前達悟的祖先，由菲律賓北方的巴丹群島遷徙而來，是台灣唯一的海洋原住民族群。

※蘭嶼達悟族特有的涼台。

雖然蘭嶼近幾年逐步走向觀光產業，但達悟人仍堅信著傳統信仰及漁獵生活。所以不速之客的你，進入村落仍要尊重達悟人的生活與禁忌，不要因好奇而任意拍照。

熱帶雨林的路徑

蘭嶼全島多山，也是台灣地區具有熱帶雨林生態的島嶼。環島公路是島上主要的交通路徑，依傍於熱帶山林與深海之間，聯結島上所有部落。騎行在環島公路上時而進入熱帶叢林，時而穿梭奇形礁岩之間，時而看見達悟人的舟影出現在海洋之中……累了就可休息在芋田旁的涼台上。

每當夜晚降臨在這座島嶼，倚躺在達悟族所做的休息涼台上，讀著夏曼·藍波安的《八代灣神話》；只有明月、海浪與風的世界。真希望蘭嶼的海永遠那麼湛藍！

※公路一景。

※在陡峭山壁上的山羊。

■ 單車小記：

1.路況：綠島與蘭嶼的道路坡度平緩，路面是柏油和水泥路
　　　　面，且車輛不多，非常適合單車旅行。

2.食宿：大部份的村落都有雜貨店。蘭嶼住宿地點仍多集中
　　　　在椰油村與紅頭及野銀部落（野銀有傳統民宿），
　　　　綠島則以南寮最方便。物價均比台灣稍高。

3.交通：前往綠島、蘭嶼須到台東富岡港搭船；前往綠島有
　　　　固定的船班，蘭嶼船班不固定，須事前洽詢。
　　　　凱旋1號：089-281047
　　　　金星客輪：089-281477

■ 行程建議：

1.一年四季皆可，只是冬天風大。蘭嶼觀光季在3至7月，此
　時船班較固定。

2.三至四天是不錯的安排。

金門

等 級	★
路 況	柏油路面
里 程	環島西路16公里 / 環島北路14.5公里

　　金門舊稱浯州，閩南沿海的一座小島；面積大約150餘平方公里，東西長約20公里，南北最窄處約3公里。

　　環繞金門島主要道路有環島南路、環島東路、環島西路和最長的環島北路。整座島的交通道路非常發達，且坡度平緩。利用主要道路再行進至各聚落小徑，體驗金門的歷史、建築、生態，豐富又不累的環島行，踩踏遊金門是不錯的選擇！

※金門的建築極具特色。

馬山
觀測站

沙美

古寧頭

環島北路

環島西路

慈湖

青年
活動中心

環島路

823
紀念碑

環島東路

太武山

公

中央

環島南路

尚義
機場

太湖

水頭

環島南路

料羅灣

金門港

里程：環島西路自行車道一週，約16公里。
等高線圖：

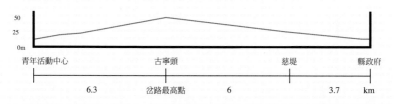

里程：環島北路，縣政府至馬山觀測站，約14.5公里。
等高線圖：

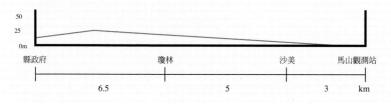

先進的單車道

以金寧鄉青年活動中心為起點的環島西路已規劃成一條開放式自行車專用道，沿途經過古寧頭、北山聚落、慈湖、金城鎮，最後返回活動中心。自行車專用道與既有的道路結合，一路只做些地圖介紹及設置休息點；八二三戰史館亦有一條單車路徑。金門的單車道不像台灣本島的自行車道，動不動就大興土木，不僅破壞了原有生態，且讓騎單車這件事變得不輕鬆。

※金門的單車道。

※海岸線上仍可感受到戰地金門的氣息。

※金門的田野上，還可見到古井。

戰地的金門

　　第一次到達金門是民國80年服兵役時，在料羅灣執行例行的運補任務。那時金門尚未開放，只能在固定的幾條公路上活動。在路上雖可看到居民們來往於街道，但爲數不少的阿兵哥與軍車，讓人充分感受到當時軍事戒嚴的氣息。

　　近50年的戰地角色；當年軍民胼手胝足共築的軍事設施，如今成了這座島嶼獨特的景觀，也讓人遙想當年躲防空洞或坐臥在枯井中煙硝峰火的日子。

※風獅爺——金門的地標。

※金門古意盎然的老街。

聚落的金門

　　金門的文化菁華集中在聚落裏，而且一定要鑽進巷子裏才能夠體會到金門聚落文化的精緻。

　　由於金門居民多是中原移民後裔的閩南居民，其民居、廟宇、節慶依然可看出濃厚的閩南文化特徵。再加上近代，金門僑民大量移徙東南亞一帶，成了閩南僑鄉之一。所以在聚落中可以看到傳統閩南燕尾、馬背建築與西洋華麗樓房隔鄰並列的景觀。當然箇中的精緻則需貼近你的視線去細細體會，就如一位土生土長的金門朋友所言：「金門的民居不僅經過堪輿學精密測量，整個聚落的走向也是如此……」，難怪走在聚落裏有著人體溫般的親密。

※金門民居可見南建築傳統的燕尾、馬背設計。

生態豐富的金門

　　因爲緊鄰中國大陸，所以金門的生態環境是相似於中國大陸的。更由於過去軍事管制與現今規劃成國家公園的關係，限制了私人的開發，所以至今仍可看到清澈的海水、原始的海岸線。不論行走在公路上或林間的小徑，皆可發現戴勝、喜鵲蹤跡，行經慈湖或太湖，一定會發現巨大的鸕鶿在湖中抓魚的景象。騎著單車在金門奔馳，不僅身體感受到內陸的氣息，更是一場生態體驗。

　　金門本島已規劃了兩條與當地現有路徑合而爲一的自行車路徑。兩旁均是木麻黃樹的平緩道路，清楚的單車標示；偶爾進入聚落、偶爾穿梭碉堡工事，不論是否是單車道，行走其間不僅安全且享受著騎單車的自在與寂靜。兩輪轉動的光影，好像又這麼自然的留在金門。

※金門也是賞鳥最佳地方。（圖片提供／廖美鳳）

■ **單車小記：**

1.路況：整個路徑道路坡度平緩，路面都是柏油路面，且車
輛不多，非常適合單車旅行的旅行者。環島一圈
（含小路）約60公里。

2.食宿：大部份的村落都有小吃店。住宿地點仍多集中在金
城鎮，救國團青年活動中心是不錯的選擇。

3.交通：前往金門只能搭飛機了；台北、台中、高雄、嘉義
均有航班。

■ **行程建議：**

1.逢小路就走，絕不會迷路。

2.一年四季皆可，只是冬天風大且寒冷。

3.三至四天是不錯的安排。

四 穿越峻嶺高山的路徑

台灣島中央為山脈分隔東西兩部。由北而南有雪山山脈、中央山脈和玉山及阿里山山脈。為了聯絡東西兩部的交通，於是前後開闢了中部橫貫公路、北部橫貫公路和南部橫貫公路穿，越山脊、貫穿東西，後續又開闢一些支線。因為道路均位於台灣高海拔山區；台灣公路最高點──武嶺，三千公尺的路徑，其工程之艱辛，也讓我們得以一窺群峰相連的壯闊景觀。

本篇選擇了橫貫台灣島嶼的三條經典橫貫公路北橫、中橫、南橫及其支線。比較特別的是中橫公路因九二一地震，谷關至德基水庫段尚未通車，所以中橫段以合歡支線和花蓮太魯閣為書中的中橫段。

貫穿海拔數千公尺高山的橫貫公路，「上坡」是對所有愛山者的體能考驗，也測試你對大自然熱愛與否？同樣對踏板旅行者更是一場嚴酷的心志試煉。忠誠於踏板上風景的你，橫貫公路上一定有你的身影。

北部橫貫公路

娟秀的橫貫公路

等 級	★☆
路 況	柏油路面
里 程	97公里

　　北橫是台灣3條橫貫公路中距離最短、平均海拔最低的橫貫公路。由於地處都會區邊緣，開發較早，景觀上不如其他兩條橫貫公路巍峨粗獷的氣勢，但相對之下，北橫更顯現其娟秀氣質的一面。

　　若要嘗試橫貫公路單車旅行，北橫是最佳的入門路徑。

※雲霧飄渺的明池。

104

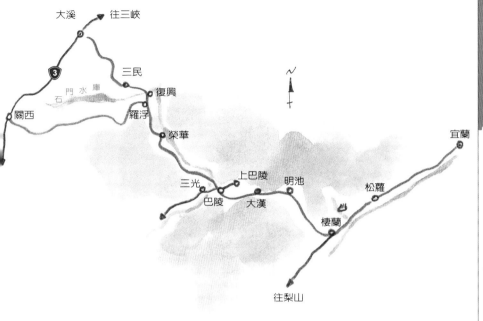

里程：大溪－松蘿，約97公里。
等高線圖：

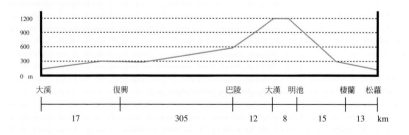

※石門水庫。

大溪－復興

　　北橫公路從大溪鎮開始，終點於宜蘭市。大溪在過去曾是泰雅族活躍的區域，曾幾何時再也不見山野的氣息，反倒成了眾人觀光的古老小鎮。

　　離開大溪沿著台7線方向，雖然是橫貫公路，但由於近石門水庫和沿線的許多景點，一到假日車滿為患，尤其是復興霞雲坪，夏日溪流兩旁更是露營戲水的勝地，公路兩旁常成了臨時停車場，騎經於此雖有秀麗風景，但多少也失去了許多興致。

※榮華大壩為月牙形雙曲度混凝土拱壩。

※下午時分的北橫公路。

羅浮－巴陵

　　羅浮至巴陵雖然只有20多公里的距離，卻是騎行北橫最辛苦的路段。

　　巴陵是北橫公路最大的部落，以巴陵為中心的風景區依傍著大漢溪，溫泉及高山水果繁榮了巴陵。尤其上巴陵的神木群、熱鬧的市集和與巴陵隔岸相望的爺亨等溫泉，讓山中同時多了那麼一點紛擾和泡湯的舒適。

※北橫公路地標──巴陵橋。

巴陵－棲蘭

過了巴陵之後，人群就逐漸淡去。或許踏板者習慣了寧靜，這一段路徑反而更能體會到北橫的美麗。每到下午時分，山徑上就飄起淡淡薄霧，享受山上特有的清涼快意。尤其過了最高點大漢守衛站，一股濃霧迎面而來，更讓人有雲深不知處的感動。夏日時分途經明池，還能聆聽暮蟬特殊的聲響。

到了棲蘭，蓊鬱的樹林在雲霧中若隱若現，騎經幾個狹窄陡坡和大轉彎，即來到了宜蘭縣。往左行過幾個泰雅族部落，若你酷愛荒野生涯，知名的野溪溫泉——英士村的梵梵溫泉，正可暢快洗滌這一段旅程的塵埃。

離開部落，北橫的旅程就不知不覺已接近了尾聲。走過北橫，雖沒有艱辛傲人的旅行事蹟，但仔細回想山上的一草一木和自然聲響，北橫是如此的豐富！

※過了隧道，就離宜蘭不遠了。

※蘭陽溪。

延伸路徑：羅馬公路

　　若厭倦了假日的人潮車陣，前往巴陵還有另外一條路徑，即是從新竹關西進入桃園復興鄉——俗稱的「羅馬公路」，也就是台118號道路。「羅馬」指的是羅浮到馬武督，路徑沿著石門水庫南緣緩緩前行。春秋時分騎行於此，一股熟悉的清新舒暢充滿於呼吸之間。

里程：關西－羅浮，約35公里。
等高線圖：

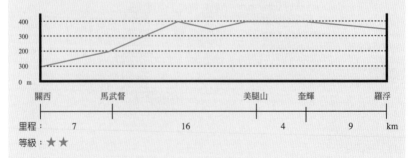

等級：★★

※橫貫公路上特有的人文景觀。

■ 單車小記：

1. 路況：柏油路面。過了大漢守衛站之後，下午易起濃霧，濕氣較重，棲蘭段則陡峭彎度較大。
2. 食宿：霞雲坪及巴陵有救國團山莊，明池則有林務局的山莊。宜蘭段則有許多民宿。
3. 交通：車袋族的騎士可到桃園站搭乘往大溪的客運，到了宜蘭可改乘火車。

■ 行程建議：

1. 一年四季皆可，冬季多雨。
2. 行走北橫可嘗試多樣路段走法。若要穿越北橫，二至三天是最理想的安排。

中橫花蓮線

等級	★★★★
路 況	柏油路面
里 程	75公里

　　行駛在此路徑經常會不期而遇外國籍的踏板友人,可見此一路徑的魅力。從大禹嶺到天祥這段路徑屬於太魯閣國家公園,不論生態及景觀都受到完善的保護,尤其天祥段立霧峽谷;縱深千仞,滔滔溪水聲淹沒世俗塵囂。騎著單車走一趟,不但享受大自然神奇的力量,也經歷一段台灣偉大的公路開發史!

※東西橫貫公路的起點。

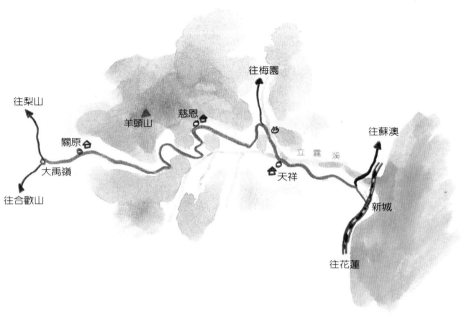

往梅園

往梨山

羊頭山　　慈恩

關原

大禹嶺

往合歡山

立 霧 溪

天祥

往蘇澳

新城

往花蓮

里程：太魯閣－大禹嶺，約75公里。
等高線圖：

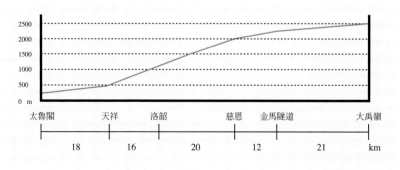

太魯閣	天祥	洛韶	慈恩	金馬隧道	大禹嶺
	18	16	20	12	21	km

※中橫峽谷景觀。

從海平面開始的挑戰

　　若選擇從花蓮為起點，這一段路徑非常適合踏板者挑戰自我心肺能力；坡度變化適中、距離夠長，且四周的美景不時伴隨著踏板者。

　　一進入太魯閣東西橫貫公路的牌樓，就進入東西橫貫公路的歷史。逆著立霧溪徐徐而上一直到天祥，此段路徑不僅寬闊，其溪流峽谷景致是此公路菁華所在。燕子口到九曲洞這一段路徑實施了人車分道，更可讓踏板者恣意享受峽谷秀靈的自然氣息。

※立霧溪溪谷。

太魯閣族

　　雖然太魯閣族並不似其他原住民族群人數眾多，但以天祥為主要休憩中心的太魯閣國家公園，除了以峽谷景觀為名之外，也是唯一保存了太魯閣族（德魯固族）文化的國家公園。天祥附近散佈著許多昔日古道，值得你多停留幾日細細探訪太魯閣族的足跡。

山壁危崖上殘存的錐鹿古道，即是早期原住民的「橫貫公路」。比起現今橫貫公路的便利，對昔日太魯閣族族民，如山羊般英勇穿梭於峽谷山徑，更加的佩服不已。

※由峽谷窺天。

※中央山脈稜線。

先人的路徑

　　過了天祥之後雖沒有險峻的峽谷，轉而呈現高山的景象。其實這一段路徑在過去中橫開闢時，碧綠及關原仍是一大片斷壁，是築路工程花費最久時間、也是最艱辛的路段。這巍峨的景觀；當你過了慈恩，回首一望那連綿羊頭山、碧綠山勢，當年的築路工人一刀一鋤，就這麼鑿出了一條路徑。雖然迂迴緩慢爬升耗盡了體力，但想想過去前人篳路藍縷的歷史，這一點累又算得了什麼？

※一連串的峽谷地景。

　　再前進數公里，過了金馬隧道坡度轉緩，再不遠處的大禹嶺就是最好的休息住宿點，也是中橫公路的最高點。

　　若你自信體力充沛，也可選擇上合歡山或是梨山，繼續你的高山踏板之旅。

■ **單車小記：**

1.路況：一路均是柏油路面。沿路的景致和稀少的車輛，一定充分讓你享受太魯閣峽谷景致。

2.食宿：天祥、慈恩、關原均有救國團山莊，合流有一處舒適的露營地。

3.交通：車袋族的騎士可搭火車至花蓮新城車站，大禹嶺有開往台中的豐原客運（請上網查詢）。

■ **行程建議：**

1.依自己的體能來安排行程。天祥值得你停留住宿。

2.一年四季皆可，但要注意道路是否崩塌。

踩踏最高點

霧社─清境
─武嶺─大禹嶺

等級	★★★★☆
路況	柏油路面
里程	66公里

　　此路徑是台灣海拔最高的公路，也就是台14甲公路，欲前往合歡山賞雪最方便的路徑。路途台灣高山景觀的美麗盡收眼底，是沿途欣賞中央山脈北段群峰最方便的一條路。但因為方便，也就常不經意失去一些更珍貴的景觀。不妨計劃2日以上的單車旅行行程，細細品嘗合歡山區周邊的美麗。

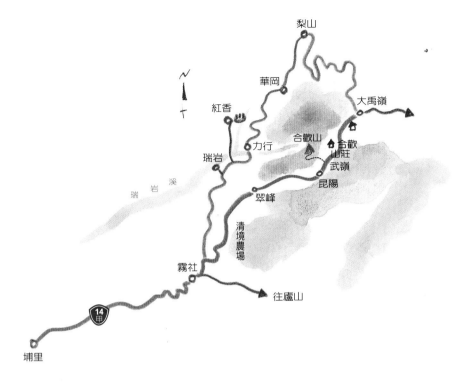

里程：1.埔里至大禹嶺，約66公里。
　　　2.埔里至武嶺，約55公里。
等高線圖：

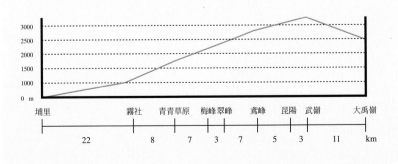

※能高群峰。

從地理中心出發

　　中橫公路因九二一地震至今尚未通車，中部朋友若要到梨山、花蓮，台14甲線變成唯一的替代路線，所以來往於埔里、霧社之間的車流量較過去增多不少。騎行這個路段時，雖得多注意下山的車輛，不過這段路在南豐村和楓樹林處，仍是很有看頭的。

※昔日合歡古道，今日的台14甲公路。

緩緩上到了霧社，過了霧社之後車輛逐漸減少，但是到清境農場這一段路稍微陡峭。一次黃昏途經青青草原，霎時濃濃白霧沿著公路，慢慢竄上山頭，最後籠罩整個青青草原。如此的美景和遠處的能高山夕照，值得你在此住宿一夜，隔日清晨再上合歡山。

雲南原鄉

行經清境農場，你會發現「雲南小吃」的招牌到處林立，不要懷疑，這裡有真正的雲南擺夷族所烹調的道地雲南料理。定居於此雲南人，正是當年在滇緬邊境的「孤軍」。民國50年撤退來台灣，目前分別居住在壽亭、定遠、松崗三個村落。雖然遷居在此數十載，但他們仍保有雲南原鄉的風味傳統。

※傍晚時分的清境農場。

極致的感動

好好休息一晚，準備拂曉直上合歡山主峰。從翠峰到武嶺這一段高海拔路徑，堪稱這一段路經典代表作。隨著前方奇萊連峰在晨曦中逐漸嶄露「黑色奇萊」的崢嶸。站在鳶峰平台，凝視奇萊山色由黑變紫轉墨綠……深秋時，滿山的高山芒草火艷點燃山坡。

※踩著單車上合歡山主峰。

※由武嶺眺望群山。

幾次調息呼吸與休息之後，大約2.5小時至3小時，辛苦抵達台灣公路的最高點：武嶺。若你自信體力充沛，在過昆陽之後不遠的左側，有一條直通往合歡山主峰的水泥道路。可踩踏著最後力氣上到海拔3400公尺的合歡山

※台灣公路最高點——武嶺。

主峰。「不要安逸，外面奇妙的世界正等著你去探索……」站在山巔上望著群峰，深深感動探險前輩的這一句名言；用自己的力量前進，更能珍惜眼前的美景。

※秋天高山芒草火艷點燃山坡。

過了武嶺之後，即可一路輕鬆下坡欣賞高山草原的景致，但仍有些路段除了小心上山的車輛之外，更要注意山上的強風，尤其小風口處，每次經過必定受到強風的侵襲。一路下坡，欣賞合歡群峰連綿的高山草原。到了大禹嶺，你可選擇繼續往花蓮的方向或是梨山，都是不錯的旅程。

延伸路線：大禹嶺－梨山－華崗－力行－紅香－瑞岩

此一路徑可再回到埔里，方便兩輪車袋族2至3日的旅程規劃。尤其華崗至力行、紅香這一段力行產業道路，來往車輛較少，又緊鄰瑞岩保護區，在路上常會有碰上成群台灣帝雉的驚奇，且此區域分佈布農族與泰雅族原住民，在此民宿可體會另一種族群的生活。

里程：1.大禹嶺至梨山，約31公里。
　　　2.梨山至力行，約32公里。
　　　3.力行至台14甲路段檢查哨，約28公里。
等高線圖：

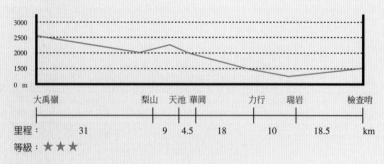

等級：★★★

■ **單車小記：**

1. 路況：行走台14甲線需要較高的耐力和較強的心肺能力，
也是台灣最高海拔自我心肺訓練的公路，但沿路的
景致足以讓你忘掉所有的疲憊。從華崗下至力行
（馬烈巴）有一段6公里多的陡坡須注意，行駛之前
必須多準備幾份剎車皮。

2. 食宿：台14甲線沿路均可有食物的補給站，清境翠峰有民
宿，武嶺的合歡山莊也提供住宿。華崗及瑞岩均有
民宿。

3. 交通：車袋族的騎士可到台中干城車站搭乘往埔里的客運
車，客運車的貨物廂足以容納你的愛車，並且客運
車的服務人員有時會幫你。梨山亦有國光客運和花
蓮客運（時間表請上網查詢）。

4. 入山證：整條路徑已不需辦入山證，但雪季時，翠峰站會車
輛管制，建議單車騎士不要貿然而上。

■ **行程建議：**

1. 一年四季皆可，假日埔里至清境車流量較大。

2. 此路徑可多樣選擇。若從埔里到武嶺可安排兩天行程。若
接到花蓮，可安排三至四天的輕鬆行。

新中橫
—阿里山公路

等 級	★★★★	★★
路 況	柏油路面	柏油路面
里 程	72公里	96公里

　　在新中橫公路還未開通之前，「登玉山」是一件漫長且難以忘懷的回憶……「一清早，天還未亮就得在水里搭著運材車，一路土石顛簸，逆著陳有蘭溪開始整整一天的漫漫長路，到達塔塔加已是午後了！顛得七葷八素的登山客還得花好長一段時間的調整，才能踏上往排雲山莊的路。」那時登一趟玉山，來回總得花個4、5天。現在路面已多是柏油路面，來去玉山時間就相對減半了！回想過去，現在登玉山好像少了一種原始的感覺，只剩下「新能高山」的石碑，能伴隨老登山客的那一股艱辛的回味。

※新中橫公路上的夫妻樹。

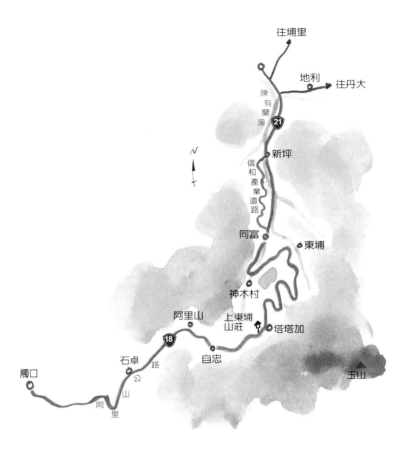

里程：水里－塔塔加，約72公里。

等高線圖：

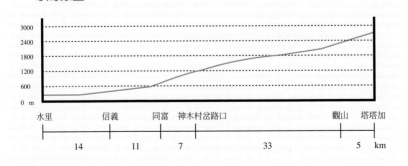

山城水里

　　水里在九二一地震時也是受創嚴重的災區。現在再踏上水里，除了重建的火車站，似乎很難發現它曾是災區。

　　橋樑多是水里特有的景觀；老舊的水里街仍散發著濃濃傳統市集風味。水里四週群山圍繞，且散佈著布農族族群；信義、地利、雙龍均是布農族部落。一到耶誕節前夕，水里溪兩旁燈火通明，販賣著各式各樣用品，夜市留連許許多多採購的布農族族民，讓這個山城成為真正的山城。

※往神木村的岔路口。

130

　　夏日黃昏，站在橋上眺望並排的橋樑。數千的歸燕飛翔於橋樑下，伴著暈黃的落日，山城的美盡在寂靜中。

※玉山山脈連峰。

※觀景台上眺望玉山。

※塔塔加鞍部的高山夕陽。

玉山景觀道路

　　從水里主要街道沿著台21線往信義方向前進。此段路徑常遭土石流的肆虐，修修補補是常有的事，砂石車常來往於其間。一直過了同富，大部份的車輛多前往東埔，所以人車逐漸減少，只剩下蓊鬱大山和淊淊的溪流聲。

　　東埔除了著名的溫泉，也是前往玉山的另外一條路徑的門戶，更是著名的八通關古道入口。從同富以後，沿著沙里仙溪的潺潺聲響，這時才真正進入玉山的領域。

　　由同富一直到觀山是新中橫公路最長的坡，高度從600公尺上升至2000公尺，林相生態由中低海拔轉到高海拔，且一路上玉山主峰與北峰不時嶄露在遠方，當然觀山的迴頭彎觀景台是欣賞玉山的最佳地點。再努力前進，轉幾個彎，看到巨大的夫妻樹身影，咬著牙關奮力再前進；此路徑最高點塔塔加遊客中心就到了！所有山巔美景盡在眼底。

※阿里山公路景觀。

阿里山公路

　　台18線通往玉山的另一條公路，是從嘉義一直到塔塔加，路途經過阿里山森林遊樂區，又名為阿里山公路。坡陡彎道多是這條路徑最大特點。

里程：塔塔加至嘉義，約96公里。
等高線圖：

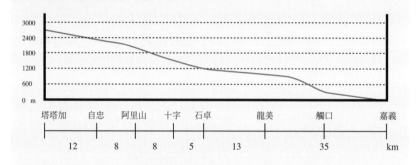

延伸路徑：信和產業道路

　　即通往風櫃斗賞梅的路徑，路途經過新鄉、羅娜等布農族部落。

里程：信和產業道路，約22公里。
等高線圖：

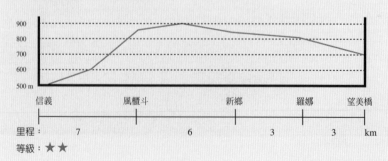

等級：★★

■ **單車小記：**

1.路況： 行走新中橫需要較高的耐力，和較強的心肺能力。
　　　　水里至信義段砂石車較多。

2.食宿： 有村莊就有食物。塔塔加有上東埔山莊，自忠也有
　　　　住宿地點，阿里山公路段有較多的民宿。

3.交通： 車袋族的騎士可搭乘集集線小火車至水里，或搭火
　　　　車至嘉義。

■ **行程建議：**

1.最好安排2至3天的行程。

2.一年四季皆可，冬季塔塔加氣溫較低。

高山上的農場路徑
中橫宜蘭支線

等級	★★★★
路況	柏油路面
里程	103公里

　　此路徑屬中橫支線，是所有橫貫公路中感受最平靜的路徑。沿路都是開敞的高山蔬果農園景觀；午後只有一隻狗開躺在部落社區的光景，每每騎行於此地，遙望群山和山影下的部落，總是給人另外一種世外桃源的想望。

※中橫宜蘭支線開敞的蔬果農園景觀。

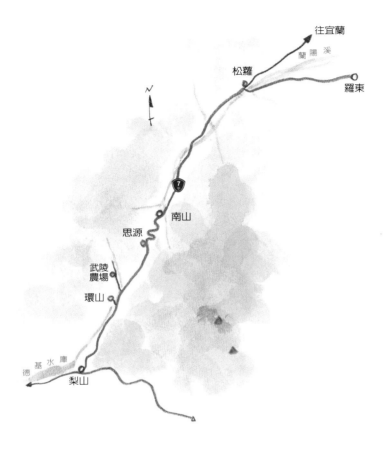

里程：梨山－羅東，約103公里。

等高線圖：

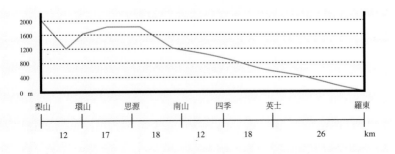

※這一段路徑永遠那麼悠閒。

謐靜的高山農園

　　不論從梨山或是以宜蘭、羅東做為起點的中橫宜蘭支線，都沒有其他中橫路段那麼耀眼。這一段路徑散居著退伍的老榮民與泰雅族族民，經濟上就以種植茶、高山蔬果爲主要來源，過著日出而作、日落而息的恬淡生活。由於地處海拔1000公尺氣溫較低，近幾年一到夏日，附近的農場就成了最佳的避暑勝地。

大甲溪與蘭陽溪的分野

　　若從宜蘭方向前往梨山，必須經過思源埡口。要騎上這裡須耗費一點氣力；連續「之」

※蘭陽溪上游。

字形的轉彎上坡考驗你的耐力。思源埡口分野大甲溪與蘭陽溪流域，也是中央山脈與雪山山脈的接壤點。每經過此地，可清楚感覺到「分水嶺」所產生的氣候變化；宜蘭縣可能雲霧瀰漫，一過埡口可能晴空萬里。費盡了大半的氣力，來到思源埡口，這裡的山與風值得你放下心多體會一會兒。

※太魯閣國家公園風景區。

※秋天楓紅處處。

※思源的高山農場。

※位於高山下的高麗菜園。

※群山圍繞的環山部落。

泰雅原鄉

　　整段中橫宜蘭支線除了散居著已退伍的老榮民外，以泰雅族爲主的原住民爲多數。

　　環山部落在日據時代稱爲志佳陽社，其部落因群山環繞，後易名爲環山部落，也是此段路徑最大的部落。若往宜蘭方向前行，約每隔不到20公里就有一個部落；南山、四季、英士、松蘿均依傍著蘭陽溪。沿著溪水而下，看著綿延千頃的高麗菜田野景象，比較起其他地區倡導的部落文化，這條路徑的部落好像永遠那麼自然、不喧嘩。

■ **單車小記**：

1. 路況：全程爲柏油路面。
2. 食宿：只要有部落就有雜貨店。武陵農場與武陵山莊可住宿與用餐，梨山及松蘿均有住宿地點。
3. 交通：車袋族前往梨山可利用豐原客運（可上網查詢）或是搭火車至羅東站。

■ **行程建議**：

1. 帶著探訪桃花源的心情來拜訪這裡，可嘗試民宿及紮營。
2. 一年四季皆宜，冬天在思源埡口會偶遇霜雪。

五

深入山林、體驗自然的路徑

「踩踏無聲的兩輪，離開人造的世界，深入森林荒野，你立即接觸到自然世界的豐富與驚奇。自然的光影透過樹林毫無保留灑在你的身體上；路徑的顛簸反應在你踩踏的身體姿勢：遠方的溪流聲響音質勝過流行歌謠。正當你小心翼翼專注走過一山澗谷壑，抬頭猛然發現一帝雉家族正悠閒漫步在林道山間……諸多讚嘆彷彿一場感覺自然的洗禮。在星夜下的夜行山羌與白面鼯鼠更為荒野路徑增添驚奇。每每進入山林，一股由自然深處傳來的神聖氣息淹沒了世俗的喧鬧。莊嚴自己的心志；享受自然，不打擾自然，踏板者的自然深處是緊貼著自然的聲響。」

台灣有三分之二的面積是山。自然資源之豐富更是不遑多論，再加上早期原住民部落傳奇的山林傳說，更豐厚台灣的山野故事。欲探索這一幕又一幕的山野傳奇，最直接的路徑，即是「林道」。

本篇所選錄的路徑均是台灣林道之經典，其中的生態與自然體驗均是前所未有。喜歡探索體驗大自然的你，毫不猶豫準備好裝備，踩上踏板，全新的自然體驗等著你！

大樹的故鄉

司馬庫斯、鎮西堡

等 級	★★★★★	★★★☆
路 況	柏油路面	混和路面
里 程	59公里	51公里

　　因一張黑白的相片，認識了司馬庫斯這一個部落。那時道路已通達，但路況一直不是很好。據部落裏的長者描述，過去還沒有道路時（也還沒有道路到達鎮西堡），村民必須徒步往鴛鴦湖的方向到達宜蘭大同，或是翻過雪白山到達桃園復興鄉的抬耀部落。這種徒步翻山越嶺的生活，一直持續到道路修緝完善。

　　司馬庫斯是台灣最晚有道路到達，也是最晚有電的部落（故名黑色部落）。在位於新竹縣尖石鄉，屬於玉峰村的一鄉。尖石鄉居民多稱司馬庫斯為「後山」，意指非常遙遠，因爲在過去道路尚未開通時，必須從竹東開車前往新光，再從司馬庫斯古道徒步走到司馬庫斯，整個路程大概花掉一天的時間。這幾年司馬庫斯和鎮西堡因神木群的發現，吸引了觀光客的到來，而司馬庫斯的面貌也因此逐漸改變。

※鎮西堡長老教會。

往李棟山

往內灣
那羅大橋
那羅
宇老
往玉峰
田埔
秀巒
檢查哨
泰崗
泰崗溪
新光
司馬庫斯
鎮西堡

里程：內灣至司馬庫斯約59公里

等高線圖：

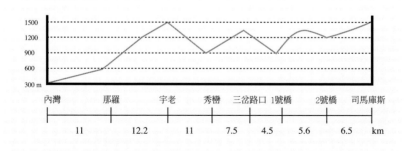

	1500							
1200								
900								
600								
300 m								

內灣	那羅	宇老	秀巒	三岔路口	1號橋	2號橋	司馬庫斯
11	12.2	11	7.5	4.5	5.6	6.5	km

挑戰開始

從內灣進入尖石再過橋進入那羅，就一路直上到海拔近1500公尺的宇老。這是一段近24公里的長上坡。到了宇老，視野遼闊，不妨在此休息一下，欣賞山下的玉峰道路和李棟山，並檢查一下剎車，再輕鬆地下達到秀巒。雖然是下坡，但提醒你經過中途的田埔部落時，放慢車速，注意村中來往的居民，也順道欣賞薩克亞金溪的美景。

※粗獷原始的山路。

看到了溪中的軍艦岩，表示秀巒就快到了。秀巒雖有溫泉，但泉源常因大雨造成河床的改變而變動位置，且地震後溪旁山壁土質鬆軟，在溪邊享受溫泉可要注意安全。建議你可到秀巒走走，體會一下部落的純樸。

在秀巒檢查哨辦好入山證之後，往泰崗的路，又是一段近

144

※有如「大河戀」一般的泰崗溪溪谷。

※司馬庫斯部落。

8公里的上坡，但不要氣餒，這一段路，三、四月來時可欣賞滿山的桃花；深秋時可感受芒花的蕭瑟。

　　在還未到達泰崗部落前，在路的左側有一清楚的三岔路路標，右側上坡是往新光鎮西堡的主要道路，左側下坡，路況較差是往司馬庫斯的「山路」。一路右拐下坡約4.5公里，就來到第一座橋。舊橋因納莉颱風所帶來的大雨所沖毀，所以接下來的路況可想而知，騎乘其上真能體會數年前一位來自於司馬庫斯的朋友告訴我的話：「司馬庫斯的路是真正的山路。」

真正的山路

在「山路」中一上一下，在平均海拔1000至1400公尺逆著泰崗溪而上，這一段路正是最隱秘、最原始的路段。建議你放慢你的車速，除了享受騎乘的挑戰外，還可以聆聽泰崗溪清晰的流水聲，並大口呼吸充滿綠意的空氣。若秋季夜行，還可以看到雪螢的亮光點綴山林。踩踏完最後一段近700公尺長的陡坡，連腳健的車手大概也已耗盡體

※塔克金溪溪谷。

力，步履蹣跚下來推著車、但身心驕傲滿足地抵達司馬庫斯的大門了。

司馬庫斯深處於台灣森林之中，又在山之巔，其視野遼闊，且四季變化鮮明，鳥況及生物之豐富，更讓人有世外桃源之感。司馬庫斯子民遵循其先祖遷居至此百餘年，過著自然純樸的生活。「司馬庫斯」其意即緬懷及尊敬其先祖「馬庫斯」，來到司馬庫斯也應帶著這般的尊敬之情。

內灣－鎮西堡

鎮西堡並不是一個城堡。「鎮西堡」亦是泰雅語的音譯，意指「陽光最早照耀的地方」。鎮西堡和司馬庫斯一樣，因發現神木群而聲名大噪。民國70年，道路才由尖石通達鎮西堡，其不遠處的新光國小是此區域唯一的國小。來自泰崗溪（塔克金溪）對岸的司馬庫斯小學生，在道路尚未開通之前，平時都必須住宿在新光國小，只有假日的時候才回家。

在往司馬庫斯的山路上，會受到昔日山路的原始粗獷所感動。當你進入她的領地時，建議輕踩你的踏板，調整你的呼吸，除了遠方的神木之外，如果能放下奔忙的心，靜靜聆賞眼前的山嵐雲霧，聆聽自然山林的聲響，你會發現司馬庫斯、鎮西堡真正的美。

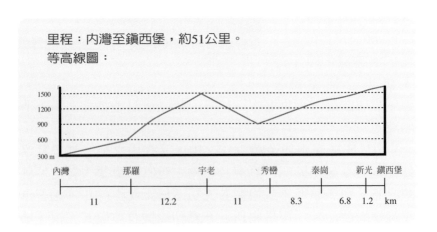

里程：內灣至鎮西堡，約51公里。
等高線圖：

■ 單車小記：

1. 路況：內灣至秀巒為柏油路，下司馬庫斯之後為連續彎道的
混合路面，且注意濕滑；這是一條結合耐力與高技
術的路段。其後段泰崗至司馬庫斯路段約18公里的
混合路面，其粗獷風貌和原始林相，一定讓你永難
忘懷。

2. 食宿：一路上均有雜貨店，秀巒之後有許多民宿，新光、
司馬庫斯也有民宿，並提供用餐。鎮西堡長老教會
則有提供大通舖。關於司馬庫斯可上網查詢。
司馬庫斯民宿服務中心電話：0928-804-983
鎮西堡長老教會電話：03-5847713

3. 交通：車袋族前往內灣可利用內灣支線鐵路。

4. 入山證：進入司馬庫斯、鎮西堡須在秀巒檢查哨辦理乙種
入山證。

雲與山之間的湖泊
丹大林道、七彩湖

等 級	★★★★★
路 況	柏油路面 / 混合路況
里 程	70公里

　　丹大林道是台灣較長的林道之一，也是最具傳奇色彩的林道；除了早期林商孫海顯赫的事蹟，及天馬車隊殞沒山谷的軼事，最近丹大林區豐富的野生動物報告，讓人對這條林道既欣喜又敬畏！而位在林道盡頭的七彩湖，位居高海拔地區，終日雲霧繚繞，加上登山口的車輛限制，平日少有人群拜訪，造就了七彩湖更原始更神秘的景觀。從地利至七彩湖路徑，多爲粗獷土石路面，絕對是喜愛體驗大自然人士的瑰寶。

※七彩湖。

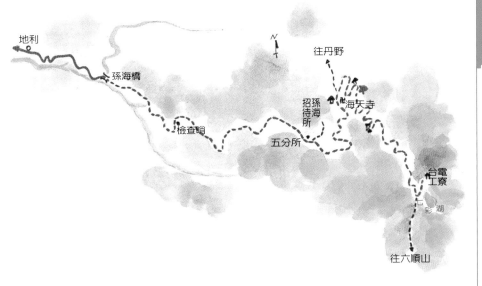

里程：地利至七彩湖約70公里。

等高線圖：

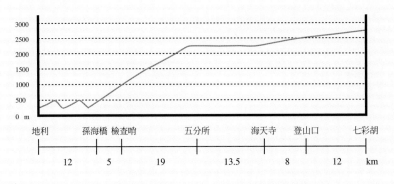

地利	孫海橋	檢查哨	五分所	海天寺	登山口	七彩胡

| 12 | 5 | 19 | 13.5 | 8 | 12 | km |

挑戰的開始

從地利順著指標往合流坪的路徑前進。這一段約12公里的路，在過去名爲「孫海林道」一直通到孫海橋，現在多已鋪設柏油路面。騎經兩個上下坡，很快就抵達孫海橋──丹大林道的路口。

※多變的丹大林道。

過了孫海橋之後，就一路上坡，且都是土石路面的路徑。溯著丹大溪一路爬升至五分所前，溪谷相對的也就愈來愈深。這一段路也就是著名的「天馬斷崖」。當年林業時代，天馬車隊爲了運送補給品至丹大林區，不慎在此路段掉落下縱深1000公尺的山谷，後人故稱這段路爲「天馬斷崖」；可見這段路的驚險！

※昔日的孫海橋。

　　從五分所到海天寺這段路徑，雖較平坦沒有陡坡，但因為此區域林木茂盛，且陽光無法照射到，所以路徑濕滑泥濘不堪。在此常見四輪傳動車陷入泥沼之中，或是只能緩慢前行。

　　海天寺大概也是台灣海拔最高的廟宇，其對面的招待所，提供了來往丹大林道舟車勞頓的最佳休息地。夜裡住宿在此，除了發電機隆隆作響外，是片黑暗靜謐的世界。

※接近七彩湖的高山路段。

※清晨的丹大林道。

※七彩湖登山口。

群山圍繞、踏板天堂

　　過了海天寺往左的路是通往丹野農場，往右則是前往七彩湖，途中經過幾處農場。丹大地區大大小小有將近10個類似的農場，多種植高冷蔬菜。林業時代結束，農業取而代之。這段路徑有許多通往菜園的農路，稍微細心一點仍可分辨出主要的路徑。在這裡視野若清晰，往北可清楚看到雙子山及更遠的干卓萬群峰。

　　往七彩湖登山口處，台電設置了柵欄限制車輛進入。所以從登山口至七彩湖這段12公里路徑，堪稱踏板者的天堂。在山脊享受山風藍天景致，並且細細體會大地的肌理。在一上一下，留下艱辛但可貴的汗水，神秘的七彩湖就等待可敬的踏板者到來。

　　93年多天再次騎著單車探訪七彩湖。從地利一直到已被大水沖毀的孫海橋前，幾次探訪丹大林道，第一次能不受吉普

※被大水沖毀的孫海橋，只剩橋墩。

※已封閉的隧道口。

車影響，安心騎行在林道上。來到五里亭望著只剩下橋墩的孫海橋舊址，聽駐守在此的森林警察說，未來這一段將改建成吊橋，聽到此一消息，心中想著，從前那曾經有近百輛吉普車奔騰在丹大林道上的夢魘終於落幕了！

單車小記：

1. 路況：地利至孫海橋前已鋪設柏油路面，此後多為土石路。從新檢查哨至五分所前非常陡峭，上坡辛苦，下坡須十分專注。五分所至海天寺路況終年泥濘。

2. 食宿：地利部落有大型超市，合流坪有住宿農場，海天寺招待所有提供食宿。

3. 交通：車袋族可搭乘集集線火車至水里，再騎車入地利。

註1.：進入丹大林區、七彩湖，須辦理甲種入山證。經過林務局檢查哨則須登記。

註2.：孫海橋於93年7月被大水沖毀，未來將興建吊橋。往七彩湖的隧道已封死須「高繞」。

穿越稜線
能高越嶺西段

等 級	★★★★
路 況	柏油路面 / 混合路況
里 程	32公里

　　「能高越嶺」是指南投屯原一直到花蓮銅門的路徑；這段
路屬於台電的保線道，也是登山客欲攀登奇萊南峰與能高群
峰的入口，沿路分佈保線所及高壓電塔。尤其路徑穿越中央
山脈稜線；騎行在山脊上，眺望兩端的太平洋及台灣海峽，
那一種孤高遺世獨立的感動，久久無法回復。

※越嶺道上的涼涼水澗。

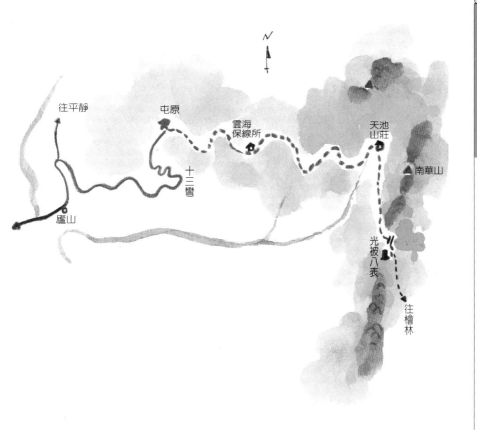

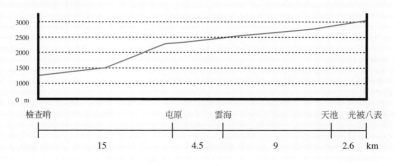

里程：盧山檢查哨－屯原－天池－光被八表，約32公里。

等高線圖：

豐富的路徑

從盧山檢查哨到屯原這一段雖已是柏油路面，但人跡稀少，不失為前進能高之前的熱身路段，只是路徑後段最後的連續十三彎的上坡路段，震撼著前進能高越嶺的毅力。

屯原的登山口原是登山健行的路徑，不過常見保線員騎著野狼摩托車往返，所以登山單車就更不是問題了！畢竟是登山路段，一開始的陡坡和土石路面，讓你沒有閒暇欣賞沿路的風景。直到過了雲海保線所之後坡度轉緩，高山上特有的白木林陸續呈現在你眼前，甚至與山羌、藍腹鷳的驚奇相遇。接下來的崩塌地形，泥濘的路面和碎石、吊橋各種路況一一挑戰著你。

不知過了幾座吊橋？踩踏最後的陡坡來到最後的木板吊橋，欣賞著九重瀑布涓流而下，聽聞著登山客的聲響；天池山莊就到了，這裡是能高越嶺段中途的最佳休息站。

※平靜吊橋。

※中央山脈稜線。

上至稜線

　　從天池一直到中央山脈稜線坡度平緩，雖然難度不高；但是路徑較泥濘，南北均是巍峨的能高群峰。

※雲海保線所。

　　上至能高群峰稜線，來到南投縣與花蓮縣的三岔口上，往左是到南華山的登山路徑，往右且下坡是越嶺路徑前往檜林保線所，稜線上是能高安東軍縱走的路徑，不到50公尺處即可看見「光被八表界碑」屹立在雲霧之中。

※越嶺道上的棧道。

※各式各樣的路況。

※崩塌路段。

※越嶺道上平坦路段。

越嶺東段

　　如果裝備及食物充足且膽識夠，可繼續完成越嶺路線的東段，但過了三岔路之後，能踩上踏板的機會極少，一方面坡陡濕滑、路況不穩，一方面幾座吊橋已老舊。最艱難的路段是「五甲崩」的高繞地形，還有天長隧道是否暢通？這些資訊最好在出發前先確定，不然會落得扛一整天車，卻還到不了目的地的悲慘下場！

■ 單車小記

1. 路況：從屯原登山口一直到光被八表都是土石路面，下坡
時注意濕滑。
2. 食宿：西段只有雲海保線所及天池山莊可紮營，糧食的自
行準備。
3. 交通：車袋族前往埔里可搭南投客運到達盧山。
4. 入山證：進入能高越嶺須提前辦理甲種入山證。

■ 行程建議：

1. 安排2天行程較佳。
2. 一年四季皆宜，午後稜線上多雲霧。冬季有結冰下雪之
虞，雨季注意路徑崩塌。

清泉－觀霧－
大鹿林道東線

等 級	★★★★	★★
路 況	柏油路面	混和路面
里 程	55公里	20公里

　　喜歡作家三毛作品的人，一定看過三毛譯自丁神父的《清泉故事》這一本書。第一次來到清泉也是受到書中泰雅族天真純樸的性情誘惑而來，並且獨自徒步走到觀霧。這一條路走來不僅可看到分明的林相，還可體會到多元的文化風情。尤其在五峰的大隘村每兩年舉行一次的矮靈祭，和清泉天主堂與泰雅族人的故事，更增添這一條路徑的神秘詩意。每次再訪清泉，昔日的景象仍舊浮現在桃山瀑布的潺潺聲中。

※雲霧飄渺的清泉路段。

上坪

往花園

茅埔

往白蘭

上坪溪

清泉

土場檢查哨

霞喀羅溪

觀霧

往根本

大鹿林道西線

大鹿林道東線

檢查哨

馬達拉溪

N

里程：竹東至觀霧，約55公里。

等高線圖：

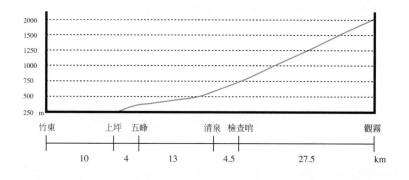

	2000
	1500
	1250
	1000
	750
	500
	250 m

竹東		上坪	五峰		清泉	檢查哨		觀霧
	10		4	13		4.5	27.5	km

※上坪老街。

清泉故事

由竹東下公館往上坪、五峰的方向騎行。行經上坪，上坪老街裡昔日的客家風采依稀可見。上坪也是這條路徑客家人最遠的村莊，再往裏走已是賽夏族、泰雅族的居住區域了。這也表示著這一路徑的人文多樣性。

※清泉天主堂。

要認識賽夏族的文化並不難。每兩年一次神秘、莊嚴的「矮靈祭」就是賽夏族的文化表徵。看到路旁的原住民彫刻石柱，表示你已經到了五峰鄉大隘村，賽夏族的區域了。

過了桃山隧道，也就到達了桃山村，桃山村和之後的清泉村都屬於泰雅族的部落，尤其清泉村的天主堂悠久的歷史，和昔日作家三毛曾居住在吊橋對岸的「三毛之家」，這些故事都增添了清泉豐富的人文故事。下次來到清泉請記得帶著閱讀《清泉故事》的情愫，而別只是來泡泡溫泉而已。

※清泉吊橋。

漫漫長坡

再上坡吃力過了土場檢查哨。以前的檢查哨是設在五峰，由於開放的需要，檢查哨只好往內移了。從清泉到檢查哨這一段路算屬陡坡，過了檢查哨之後就屬大鹿林道了。雖然是林道但道路已鋪上柏油，只是路面並不是很寬敞，所以騎行時仍需注意安全。

從檢查哨到觀霧這28公里的路徑，已無原住民部落，但其中的農場山莊尚不少。沿途籠罩在樹蔭下，騎行至在指標8公里處左下方，可清楚看到八仙瀑布。假如你還體力充沛、意識清楚，過了雪霸國家公園界埤，感覺到白霧飄渺，那表示「觀霧」已經不遠了。

觀霧原是林務局的一個工作站，後來停止林木的砍伐與國家公園結合成為雪霸國家公園的遊客中心。在此可清楚眺望「聖稜線」。不論什麼季節，都是騎單車旅行的好地方。

※大陸林到東縣15K的工寮。

※林道旁的瀑布。

大鹿林道東線

　　喜愛爬山的朋友大概都知道：大鹿林道東線是往大霸尖山必經路線。據一位巴士司機朋友透露，大鹿林道東線過去林業興盛時期可深入頭鷹山區

※踩在林道上。

與雪山230林道相接壤。不論司機先生所說的是否真實？每每進入林道，林道中那一股原始神秘的氣息，正吸引著喜歡自然意境的單車旅人，雙腿辛勤踩踏就是為了讓身體完全浸淫在這一股自然氣息裏。大鹿林道的存在是雪霸國家公園重要的資產，也是所有「自然人」必須珍惜的珍寶，別再花大錢把林道拓寬、弄平，方便休旅車行駛。

※清晨的陽光灑在林道上。

里程：觀霧至馬達拉溪登山口（下鹿林道東線），約20公里。
等高線圖：

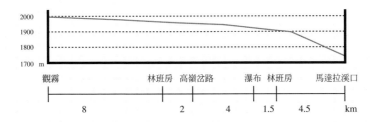

2000	
1900	
1800	
1700 m	

觀霧　　　　　林班房　高嶺岔路　　　瀑布　林班房　　　馬達拉溪口

8　　　　　　2　　　4　　1.5　　4.5　　　km

🚴 單車小記：

1. 路況：從竹東出發一路上至清泉這一段路尚屬輕鬆，但從土場檢查哨一路到觀霧這28公里路，考驗你上坡的體能。大鹿林道東線非常適合初入門off-road的單車騎士，坡度平緩、風景美麗，只可惜近日的整修，已讓大鹿林道漸漸失去昔日原始的風貌。石鹿古道會考驗著你的上坡能力，到了松本的岔路要走左側的路線，不要因為看到右側的下坡泥土路就高興往下衝。上到了石鹿部落可參觀昔日駐在所的光影，這是石鹿古道除了白石駐在所唯二可見的駐在所。

2. 食宿：清泉地區有非常多的民宿可登記。觀霧有餐廳與住宿山莊，但假日遊客眾多，建議提早預約。

3. 入山證：進入觀霧須在土場檢查哨辦理乙種入山證。若要進入大鹿林道東線，則須辦理甲種入山證。

4. 備註：土場檢查哨於93年已遭水災沖毀。進入大鹿林道東線，最好先上雪霸國家公園網站查詢路況。

大雪山林道、 230林道

等 級	★★	★★★★
路 況	柏油路面	土石路面 / 崩塌地形
里 程	66公里	35公里

　　雪山林道是昔日台灣林業極盛時期，爲了運送大雪山區域的林木所修築的道路。路徑從海拔400公尺東勢鎮一直到海拔2400公尺天池，此路段因伐木業的結束和大雪山森林遊樂區的開放，已修築柏油路面，沿途涵蓋溫帶及寒帶生態森林，其中可深入西勢山的230線林道，其中的野生動物更是豐富，清晨靜靜的行走在林道中，一定會有意外的奇遇。

※大雪山林道可見豐富的林相變化。

雪山神木
33.5k
35k
中雪山登山口
道 林 0 3 2
16.5k
中雪山
檢查哨
小雪山林道
天池
210林道
鳶嘴山
鞍馬山莊
大雪山 林 道
橫嶺山隧道
往東勢

里程：東勢－天池，約51公里。

等高線圖：

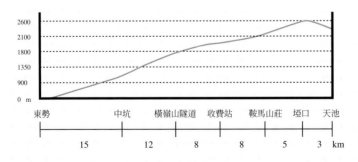

	東勢	中坑	橫嶺山隧道	收費站	鞍馬山莊	埡口	天池
		15	12	8	8	5	3 km

身心歷練

從東勢鎮中心沿著東坑路往大雪山森林遊樂區方向，一路上坡騎行。這一條路原是大雪山林道，現在多鋪為柏油路面，已很難感受到當年運材車載著從大雪山鋸下來的林木，一路顛簸到東勢鎮的景象。

※現在的雪山林道。

海拔高度愈高，愈能呼吸清涼的空氣。雪山林道不似其他森林遊樂區，一到假日就人滿為患，路邊的攤販也較少，所以騎行起來也較不受汽車廢氣的荼毒。會來雪山的人，多是登

※山上的黃昏。

山，或是賞鳥的自然愛好者。過了橫嶺山隧道，也就接近遊樂區收費站了。如果你是「體驗大自然」競賽的愛好者，隧道口旁正是「鳶嘴山」登山口，騎完27公里登山車，再上陡峭的鳶嘴、稍來山，正可過足這個癮。

過了收費站，路徑變窄了，直上到海拔2270公尺的鞍馬山莊。你可選擇在鞍馬山莊住宿一夜，體驗當年林務局工作人員深居在山林裏，那一種遺世獨處的生活，並且在此靜靜欣賞鞍馬山的日落雲海。

從鞍馬山莊一路上達海拔2600公尺的埡口，廣闊視野盡在眼底。過了埡口，一路輕快到達天池。

里程：230林道，天池－35k道班房，約35公里。
高度表：

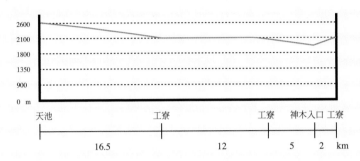

自然的驚奇

　　「230林道」是雪山林道中最長的林道，因「九二一」地震過後，岩質鬆動經常塌陷，所以在林道中要特別注意行駛安全。

　　從天池檢查哨旁的入口進入林道。一路微下坡，沿著山壁騎行，整段林道就在海拔2400至2600公尺，落差200公尺間起伏。對於害怕上坡的人，230林道是一段極優質的林道路線，再加上清晨時分，你可能會發現「帝雉」悠閒地行走在林道上，甚至會撞見奔跑中的「山羌」等奇遇。且路途有許多工寮，夜裡居住其間，可觀看滿天星斗，並且和野生動物共枕眠。

　　在路徑33.5公里處下方約100公尺處，雪

※230林道上的登山客。

※230林道路況。

※16.5K的工寮。

※林道路況。

※中雪山登山口。

山神木隱匿在此數千年，也是目前台灣最大的神木。擁有這麼豐富生態的林道，怎麼忍心開著一大隊的車隊奔馳而過，只是享受四輪傳動行駛在原始山間的刺激？

■ 單車小記

1. 路況：從東勢一直到天池，道路寬敞且多已鋪設柏油路面，但前22公里有許多大彎道，回程下坡須小心。230林道路段有許多鬆動的土石路面和崩塌地形。
2. 食宿：過了中坑之後只有鞍馬山莊及天池有福利社，且供應熱開水。住宿只有鞍馬山莊。230林道在16.5K和35K處有較完整的工寮，須自備睡袋及食物。
3. 交通：車袋族前往東勢可至豐原火車站前搭豐原客運，可到達雪山林道上中坑等站。（詳細內容請上網查詢豐原客運）。
4. 入山證：進入230林道須提前辦理甲種入山證。

■ 行程建議：

1. 此路段有兩種騎法：一是從東勢至天池；一是230林道。可依體能及技術安排兩日以上的行程。
2. 大雪山林道一年四季皆宜，230林道常崩塌，而且冬季有結冰之虞。

🚴 上至溪的源頭
桶後越嶺

等 級	★★★
路 況	柏油路面／混合路況
里 程	33.5公里

　　桶後溪林道是大台北地區較為人所知，也是最長的林道。從孝義部落一直到柏油路面為止約14公里，若加上約8公里的越嶺路徑和到達宜蘭小礁溪段，總路程約33.5公里。最特別的是從烏來而上的種種溪谷景觀，騎著單車一路溯溪而上直到桶後溪源頭，遠眺著另一端的海洋；在樹林中扛車爬上爬下的辛苦都被飄來的海風所帶走了。

　　若想初嘗扛著登山車翻山越嶺的滋味，桶後越嶺是不錯的入門選擇。

※桶後溪林道是大台北地區最長的林道。

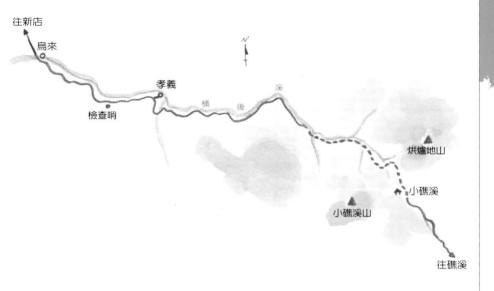

往新店
烏來
孝義
桶　後　溪
檢查哨
烘爐地山
小礁溪
小礁溪山
往礁溪

里程：烏來－小礁溪，約33.5公里。

等高線圖：

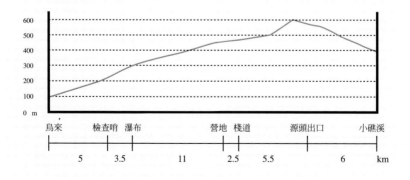

| 600 |
| 500 |
| 400 |
| 300 |
| 200 |
| 100 |
| 0 m |

烏來　　檢查哨　瀑布　　　　　　營地　棧道　　　源頭出口　　　　小礁溪

5　　3.5　　　　11　　　　2.5　　5.5　　　　6　　　km

緩緩溯溪而上

　　從烏來一直到桶後溪營地，這一段路徑的平時車潮不似信賢、福山段擁擠，但一到假日，路旁則充斥各式各樣的休旅車，一點都感受不到林道的原始氣息。其實這一段路徑坡度平緩，且多已鋪設柏油路面，是初嘗單車活動者的最佳山林路徑。應多提倡單車之旅，想像在林蔭裏，聽著溪水聲恣意踩踏單車安靜前行的那一種與自然相遇合而為一的感動，而不是一路擔心來往的汽車及惡臭的廢氣味，不然再不久這塊美麗山谷就會因人們貪圖便利而消失了。

　　一直前行至指標13.5K地點，來到人工河梯，也是最貼近溪床的位置。溪中的沙地上已有數頂帳篷了，不難想像一到夏天這裡大概是台北最佳的露營地了！柏油路底就被一顆巨石所擋住，接下來就是汽車再也不能進入的越嶺路徑了。

※林道路旁的瀑布。

※寧靜的桶後越嶺。

越嶺路段

離開柏油路面之後，愈往溪谷深處，人群就愈稀少了。桶後越嶺仍屬台電的保線路段，看著對岸山頭的電塔也不得不相信，只是路徑並不是在溯溪的左岸，而是緊貼在右岸；路跡非常清楚，路面全是土石路面，且愈後段石頭愈大，路徑狹小。越嶺路段前半部1.2公里還可以騎乘，過了最後一個攔沙壩之後的小棧道，大概都得扛車了。

※桶後溪的源頭。

※桶後溪支流。

※越嶺道沿著桶後溪而行。

大概扛車穿梭在溪谷山林中1.5小時，最後300公尺距離「之」字形上至最高點，視野豁然開朗，重逢可騎乘的土石路徑，這裡就是桶後溪源頭。

雖然溪流的源頭只是一堆乾枯的亂石，沒有瀑布壯觀的氣勢，或許因為用自己的力量前行，所以一看到盡頭，一種莫名的喜悅從內心散發出。那一股簡單卻紮實的感受，再次烙印自然愛好者的心志上。

■ 單車小記

1. 路況：從烏來一直到桶後營地道路寬敞，且多已鋪設柏油路面。越嶺路段則是崎嶇的土石路面，但溪谷的林相與清涼一定讓你永難忘懷。

2. 食宿：烏來有足夠的雜貨店、民宿、旅館。桶後溪有營地，到了礁溪那就不用說了。

3. 交通：車袋族前往烏來可利用台北客運或是搭捷運至新店站再轉搭客運，甚至親自騎至13公里外的烏來。到了礁溪可改搭火車

4. 入山證：進入桶後越嶺須在檢查哨辦理乙種入山證。

■ 行程建議：

1. 一天即可完成的路段，但可放慢腳步。桶後溪營地有愈來愈熱門的傾向，假日人潮為患，為避免破壞河川生態，建議勿在此紮營。

2. 一年四季皆宜，但要注意雨季來臨時，溪水有暴漲之虞。

聖湖之徑

霧台林道、黛得勒娥勒湖

等級	★★★★★
路況	柏油路面
里程	36.5公里

　　黛得勒娥勒湖（小鬼湖）與他羅瑪琳池（大鬼湖）是魯凱族代代相傳的祖靈秘境，具有莊嚴神聖、不可侵犯的地位。民國74年因開採大理石而修築了礦場道路（霧台林道），直逼黛得勒娥勒湖。車路的開通吸引了一批又一批登山、觀光客來到黛得勒娥勒湖。過多的外來者所帶來的垃圾，且不懂得尊重魯凱族的莊嚴聖地，破壞了黛得勒娥勒湖的生態。近年來由於魯凱族族民的強力保護與堅持，聖湖重拾她的莊嚴。因為「美」一旦失去就永遠無法重回。

※黛得勒娥勒湖是魯凱族的祖靈祕境。

里程：阿禮－弘易礦場，約36.5公里。
等高線圖：

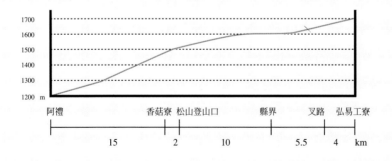

186

※瀑布下的路徑。

重重瀑布、雲霧重重

離開阿禮部落約1公里處，即會碰到一道從天上渲瀉而下的瀑布。從此處開始路徑只能容自行車進入，所以想進入霧台林道深處美景，非得自己花一番氣力才能欣賞到。

路徑緩緩而上，從入口一直到礦場之前，不時遇見瀑布由山澗而下；不是從路徑上飛縱而過，就是漫流過路徑。大雨來臨時，溪水暴漲沖毀路徑。所以一路土石不斷，小崩壁、棧道隨時可見。

不知過了多少瀑布多少深潭溪澗，路徑的各種路況與美景不時驚嘆踏板者的視野。過了午後，南台灣山區特有的雲霧瀰漫整個山區，路徑的濕滑與低能見度考驗著踏板者，偶爾橫倒的樹幹都提醒著聖湖之徑的詭譎多變。

與野生動物相遇

由於沿途水源豐沛，林道兩旁的生態極為豐富，不時看到獼猴成群縱橫在樹林，或是與帝雉相遇的驚喜，甚至來個與小山豬在林道上追逐的場景。

路徑轉入山的南面，路面不再那麼顛簸，反是平順的泥土路徑。偶爾幾處下坡彎道，讓你在山林中忽隱忽現。愈到盡

※不醒目的路標。

※頭目的家。

※穿越深潭溪流。

頭，路徑則逐漸被兩旁的植物所掩蓋。來到約32.5公里處的岔路，也是此路徑的唯一岔路，往鬼湖路徑則是往上，下方的路徑則消失在斷壁草叢中。

靜寂的自然

午後森林裏瀰漫著淡淡薄霧，一股自然清涼氣息迎面而來。過了岔路之後，這段路徑堪稱此路徑較費力路段，幾個轉彎上坡過了榮工

※脆弱岩質的路徑。

※前進在草叢與瀑布之間

※已荒廢的弘易工寮。

處工寮旁的巴油溪，路徑轉爲粗獷的大理石路面，一棵傾倒
的大樹擋在路徑的中央；這是摩托車可騎行的盡頭。扛著車
沿著陡坡前進，約400公尺後來到當年的採礦工寮。站在已沈
寂的工寮前，回想20年前的此地，這裡應該不會這麼寂靜吧？
「愈到深處，愈能發現自然的寧靜聲音。」在這裡深深感受到
人只是外來的不速之客；一舉一動都深怕驚擾到這裡的一草
一木。

　　「只有眞正一步一步用著自己的力量辛苦跋涉，心靈逐步
沈靜之際，才能領悟自然的崇敬與疼惜。」走過小鬼湖，這
一句話不知不覺又浮上心頭。

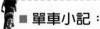

■ **單車小記：**

1. 路況：全程off-road坡度適中，只是要小心崩塌路段，進入
   之前最好問問當地居民相關路況，雨季時最好不要
   進入。

2. 食宿：路上均有雜貨店，霧台有民宿，林道中的榮工處工
   寮（有水源）與弘易工寮較完整。

3. 交通：車袋族可至屏東車站搭公車到霧台（一天有兩個班
   次：9：30和下午2：00，最好先打電話查詢08-
   7324103）。

4. 入山證：進入霧台林道檢查哨須辦理甲種入山證，這裡屬
   保護區。

註：93年4月再進入林道，赫然發現路段的訖點已鋪了柏油，
   且汽車已可到達亞笛泥山下，聽說那裡將成為停車場。
   不禁感嘆人為了發展自身便利對自然所造成的破壞！

環島計畫

　　環島是所有踏板者的夢，也是在台灣騎單車的最後目標；除了飽覽台灣美景之外，更有完成一件大事的成就感。依筆者騎行單車多年的經驗，歸類環島路線的性質與難易分為三條路徑：

路徑：傳統環島

　　西部平原以台1線或台3線為主，東部則以台9線為主要路徑。總里程約1200公里。

路徑：海洋環島

　　沿著海岸邊緣騎行。以台1、2、 9 、15、 11、 17為主要路線。總里程約1400公里。

路徑：高山環島

　　此路徑是筆者所嘗試過最艱辛的環島路徑。路徑連接了三條橫貫公路、新中橫、中橫宜蘭支線及阿里山公路，且均由單車獨力完成聯結路段，無其他交通工具接駁。總上升海拔高度超過8000公尺。

高山環島參考路線：

　　埔里－武嶺－大禹嶺－梨山－思源－棲蘭－巴陵－羅浮－大溪－關西－東勢－（谷關－梨山（此段目前暫未開放，須由天冷至埔里接至霧社）由力行產業道路至梨山）－天祥－花蓮－池上－海端－利稻－埡口－甲仙－玉井－中埔－阿里山－塔塔加－水里－埔里。

　　當然環島的路線可以設計非常多種，若你已經有一次環島經驗，可再試試其他路線，相信會擁有全新的體驗。

【環島路徑】

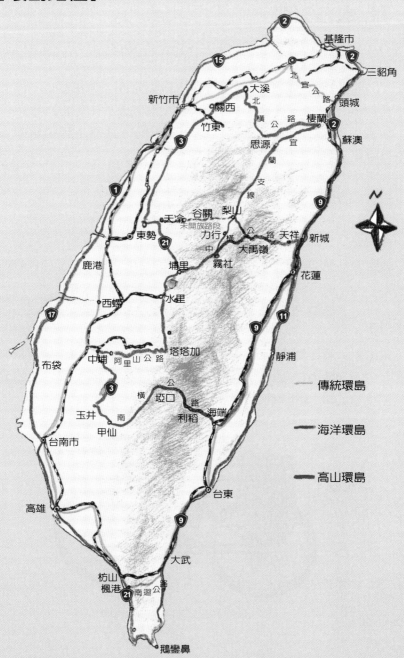

傳統環島
海洋環島
高山環島

基本裝備

　　適當的裝備能讓你在旅行途中得到幫助。單車旅行不同於其他旅行方式;比徒步旅行幅員來得遼闊,又不如汽車旅行能載重得多!所以在裝備上須仔細斟酌。當然一部適當的自行車是首要的考量!

自行車配備

自行車

公路車:輪圈較大,輪胎較細,多行駛在柏油路、路面品質較好
　　　　的公路上。適合城市及郊區鄉間道路。

　　　　(優點) 速度快。(缺點) 要勤保養,特別是輪圈的校正。

登山車:適合台灣各種路面的自行車。其多段的定位變速系統與
　　　　前後齒輪比的革命、粗獷的輪胎、結實的零件和避震
　　　　器,讓單車的視野從城市走向山林荒野。

車尾燈

車燈
里程表

馬鞍袋

水壺

【適合林道路況的前後避震登山車】

修理工具

　　不管距離有多遠，修理工具一定要隨時攜帶，不然半路爆了胎，就得牽車了。（修理過程最好到鄰近的自行車店，親身觀摩學習。）

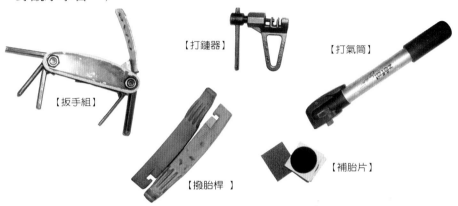

【打鏈器】　【打氣筒】　【扳手組】　【撥胎桿 】　【補胎片】

地圖、手冊

　　出發之前要詳細讀過地圖，初步了解當地狀況，才知道要準備那些東西。一份好的地圖讓你不會走錯路徑，尤其在林道中更需要一份詳實的地圖，能清楚知道自己要到達的地方與相對距離方向。

服裝

　　視旅程的長短來準備，衣服當然以排汗材質為最佳選擇，褲子以緊身或短褲較佳。安全帽、手套及防風鏡也是必備的。

旅行裝備

　　所謂「旅行」就是要到一個陌生地方過一夜，那才是旅行的迷人所在，所以「住宿」方式決定了你的裝備內容。

經濟式：以民宿或山莊為主要住宿環境。就不需要帶帳篷、睡袋……等住宿裝備。

克難式：以帳篷或露宿袋為主，偶以林道工寮等簡易環境為棲身之地，例如：本書中「穿越峻嶺高山的路徑」、「深入山林體驗大自然」章節中介紹的路徑。

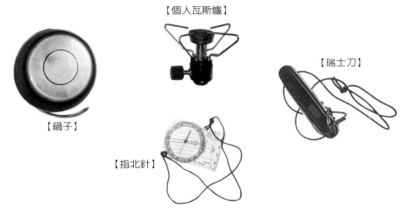

【個人瓦斯爐】

【瑞士刀】

【鍋子】

【指北針】

攜車袋

　　利用攜車袋作長程的運輸是最環保、最經濟的方式；人到那，車子就到那。

【攜車袋】

每一次的旅行經驗都能讓你的裝備稍作調整。裝備的「輕量化」是主要的訴求，裝備不僅要精簡，更要能「多元」使用；一樣東西可多用途，如此就能省下很多重量了。

　　最後就踩上你的踏板，邁開你的第一次單車旅行吧！

【附錄】
交通食宿資料

　　目前救國團各青年活動中心已成為國際青年之家（HOSTELLING INTERNATIONAL）一分子，所以只要有青年之家的會員卡，便可享有青年活動中心優先服務。

救國團各青年活動中心救國團各青年活動中心：	
日月潭青年活動中心	南投縣魚池鄉日月村中正路101號　（049）850070-2
曾文青年活動中心	台南縣楠西鄉密枝村70之1號（06）5753431-5
金門青年活動中心	金門縣金城鎮環島北路1號（082）325722
復興青年活動中心	桃園縣復興鄉中山路1號（03）3822276
天祥青年活動中心	花蓮縣秀林鄉天祥路30號（03）8691111-4
澎湖青年活動中心	馬公市介壽路11號（06）9271124

北橫	巴陵山莊	（03）3822276
新中橫	上東埔山莊	（049）2702213 （05）2679688
中橫太魯閣線	慈恩山莊	（03）8691111
	觀雲山莊	（04）5991099
中橫宜蘭支線	林務局武陵山莊	（04）25901020
中橫合歡線	林務局合歡山莊	（049）802732
南橫線	埡口山莊	（07）6866057
	利稻山莊	（07）6866057
清泉觀霧線	清泉山莊	（03）5856026 （03）5856317
	司馬庫斯民宿服務中心	0928804983
	鎮西堡長老教會	（03）5847713
大雪山線	鞍馬山莊	（04）25877901 （04）25677902

旅途中的補給站

北部地區：

順天自行車行	台北市木柵路3段33號	
飛輪自行車行	新店市中興路3段302號	（02）29125819
大富國自行車行	新竹市經國路1段838巷8號	（03）5317245
風城單車	新竹市建中路57號	（03）5748206
建光自行車行	三義鄉中正路162-3號	（03）7873818

中部地區：

阿力馬單車行	台中縣大甲鎮信義路213號	（04）26880970
東海鄉野情戶外休閒專賣	台中縣龍井鄉台中港路7之59號2樓	（04）26337015
鐵馬王單車館	豐原市豐北街259號	（04）25200901
綠山林單車生活館	台中市中港路3段306-3號	（04）23502831
欣欣自行車行	台中市西屯路3段90-25號	（04）27074220
慶昇自行車行	彰化縣員林鎮浮圳路2段537號	（04）8323436
提多自行車行	彰化縣大村鄉中山路13號	（04）8330992
二輪館	南投縣埔里鎮南興街264號1樓	（049）2997837

南部地區：

長鬃山羊單車俱樂部	高雄市苓雅區四維四路77號	（07）3360734
自由風自行車行	台南市崇尚路10號	（06）2896799
牛仔單車	台南市永福路2段11-1號	（06）2280089
轟堯兩輪	高雄市鼓山區中華一路314-6號	（07）5520326

東部地區：

捷興自行車行	宜蘭市文化路54號	（039）312282
名捷自行車行	花蓮市中正路582號	（03）8357427
宗承自行車行	花蓮縣吉安鄉建國路一段160號	（03）8579148
4+2單車俱樂部	台東市更生路157號	（089）327866

外島地區：

| 大華車行 | 金門金城鎮民族路31號 | （082）32423 |

從一張地圖尋找踏板天堂

　　為了編輯踏板天堂這一系列單車地圖，我已花了五年時間勘查；從一張地圖中開始搜尋路徑的蹤跡。這五年看著一條小徑變成大馬路，鋪上水泥、鋪上柏油，看著樹木因道路拓寬而消失。離住所不遠處，一條常與好友去夜騎的山坡小徑，最近也因科學園區的開發，我們再也看不到螢火蟲、再也吹拂不到夏日涼風而逐漸疏離……雖然種種變異景象不斷挫折編輯這本書的毅力。因為不願我們與自然的關係，被緊緊侷促在被規定且花費鉅資打造的單車專用道裏，而繼續堅持踏板天堂的夢。想想那一段可以騎著自行車上學、拜訪朋友、釣魚郊遊的自由自在光景……。

　　因為單車旅行的載重與速度和有限的經費，很抱歉無法帶著精密的攝影器材，捕捉路徑最清晰美麗的景象，但也因為這樣的遺憾而讓我不厭其辛勤數次造訪，反而更了解自然陰晴不定的真實一面，對於單車旅行的體驗做最真實的詮釋。

　　同時也不希望單車旅行流於傳統汽車旅行，奔忙於名山大澤的景點，而能自己去發現屬於自己的踏板上風景，所以書籍中所呈現的多是路徑的某一不起眼的角落，或許與作者同感的你，也將在踏板旅行中發現。

　　最後感謝晨星出版社和一些朋友默默的支持與鼓勵，因為辛苦所以特別珍惜！

國家圖書館出版品預行編目資料

台灣單車旅行地圖／洪川◎撰文攝影－－初版.
－－臺中市：晨星，2005〔民94〕
面；　　公分.－－（台灣地圖；25）

ISBN 957-455-836-3(平裝)

673.26　　　　　　　　　　　　94004248

台
灣
地
圖
25

台灣單車旅行地圖

撰文攝影	洪　　川
地圖繪製	洪　　川
總編輯	林　美　蘭
文字編輯	楊　嘉　殷
內頁設計	李　靜　姿

| 發行人 | 陳　銘　民 |
| 發行所 | 晨星出版有限公司 |

台中市407工業區30路1號
TEL：(04)23595820　　　FAX：(04)23597123
E-mail:service@morningstar.com.tw
http://www.morningstar.com.tw
行政院新聞局局版台業字第2500號

法律顧問	甘　龍　強　律師
製作	知文企業(股)公司　　TEL：(04)23591803
初版	西元2005年04月30日

| 總經銷 | 知己圖書股份有限公司 |

郵政劃撥：15060393
〈台北公司〉台北市106羅斯福路二段79號4F之9
　　　　　　TEL:(02)23672044　FAX:(02)23635741
〈台中公司〉台中市407工業區30路1號
　　　　　　TEL:(04)23595819　FAX:(04)23597123

定價 290 元
（缺頁或破損的書，請寄回更換）
ISBN-957-455-836-3
Published by Morning Star Publishing Inc.
Printed in Taiwan

廣告回函
台灣中區郵政管理局
登記證第267號
免貼郵票

407
台中市工業區30路1號

晨星出版有限公司

-請沿虛線摺下裝訂，謝謝！-

更方便的購書方式：

(1) **信用卡訂閱**　填妥「信用卡訂購單」，傳真至本公司。
　　　　　　　或　填妥「信用卡訂購單」，郵寄至本公司。

(2) **郵政劃撥**　帳戶：知己圖書股份有限公司　帳號：15060393
　　　　　　　在通信欄中填明叢書編號、書名、定價及總金額
　　　　　　　即可。

(3) **通　　信**　填妥訂購人資料，連同支票寄回。

◉如需更詳細的書目，可來電或來函索取。
◉購買單本以上9折優待，5本以上85折優待，10本以上8折優待。
◉訂購3本以下如需掛號請另付掛號費30元。
◉服務專線：(04)23595819-231　FAX：(04)23597123
　　　　E-mail:itmt@morningstar.com.tw

◆讀者回函卡◆

讀者資料：

姓名：_____ 　　　性別：□ 男 　□ 女

生日： 　／ 　／ 　　　身分證字號：_____

地址：□□□_____

聯絡電話： 　　　　（公司） 　　　　　　　（家中）

E-mail _____

職業：□ 學生 　　　□ 教師 　　　□ 內勤職員 　　□ 家庭主婦
　　　□ SOHO族 　□ 企業主管 　□ 服務業 　　　□ 製造業
　　　□ 醫藥護理 　□ 軍警 　　　□ 資訊業 　　　□ 銷售業務
　　　□ 其他_____

購買書名：台灣單車旅行地圖

您從哪裡得知本書： □ 書店 　□ 報紙廣告 　□ 雜誌廣告 　□ 親友介紹
□ 海報 　　□ 廣播 　　□ 其他：_____

您對本書評價：（請填代號 1. 非常滿意 2. 滿意 3. 尚可 4. 再改進）

封面設計_____版面編排_____內容_____文／譯筆_____

您的閱讀嗜好：

□ 哲學 　　　□ 心理學 　　□ 宗教 　　　□ 自然生態 □ 流行趨勢 □ 醫療保健
□ 財經企管 　□ 史地 　　　□ 傳記 　　　□ 文學 　　　□ 散文 　　　□ 原住民
□ 小說 　　　□ 親子叢書 □ 休閒旅遊 □ 其他_____

信用卡訂購單（要購書的讀者請填以下資料）

書　　　　　名	數　量	金　額	書　　　　　名	數　量	金　額

□VISA 　　□JCB 　　□萬事達卡 　　□運通卡 　　□聯合信用卡

●卡號：_____ 　●信用卡有效期限：_____年_____月

●訂購總金額：_____元 　●身分證字號：_____

●持卡人簽名：_____ （與信用卡簽名同）

●訂購日期：_____年_____月_____日

填妥本單請直接郵寄回本社或傳真(04)23597123